Rapport Saintélangues

De l'échec à la réussite en
ANGLAIS

Copyright © 2016 by Bernard GARDE
Dépôt légal deuxième trimestre 2016
All rights reserved – Tous droits réservés
ISBN : 978-2-913283-60-2 – EAN 9782913283602
Conception, impression & distribution via Createspace & Amazon

À toutes les victimes de l'excès d'enseignement au détriment de l'apprentissage.

Toute phrase est un mets, les mots, ses ingrédients, la grammaire, sa recette, et nous sommes les apprentis cuisiniers de la communication.

B.G.

Préambule

Le présent rapport vise le cœur d'un problème qui concerne autant les **adultes** en formation professionnelle que les **étudiants** du Supérieur ou les **scolaires** du Secondaire, sous l'éclairage révélateur d'une recherche originale et d'une expérience sans précédent dont le lecteur appréciera pleinement les résultats. Ce dossier, quelque peu remis à jour, à été adressé au Ministère de l'Education Nationale en 2003 sous le titre de « Rapport Intellangues » (appellation précédente de la méthode d'anglais concernée), rapport accueilli avec le plus grand intérêt par le Ministre en exercice, Monsieur Luc FERRY, puis aussitôt rejeté par l'administration de l'Inspection Générale sans la moindre enquête, sans le moindre débat, tandis que toutes les tentatives locales ou régionales d'expérimentation scolaire de la méthode Saintélangues se voyaient systématiquement interdites de fait.

Par la lecture qui suit, le lecteur comprendra que l'expérience stéphanoise de la méthode Saintélangues remet en cause les tabous et les principes de la pensée unique qui régit, non seulement la pédagogie de l'anglais, mais plus généralement l'approche scolaire professorale, au détriment direct de millions d'élèves et étudiants francophones voués à l'échec dans leur apprentissage de l'anglais.

PREMIERE PARTIE

LE RAPPORT INITIAL

I – Le constat de l'anglais en France

L'état des lieux : de l'échec scolaire au blocage adulte

Malgré tous les progrès accomplis jusqu'à présent, force est de reconnaître que le "rendement pédagogique" de l'anglais en France est **anormalement faible** en termes de pourcentage de réussite effective, **qu'il s'agisse de jeunes ou d'adultes**. L'étude statistique réalisée par l'I.S.A. (Institut Stéphanois d'Anglais) auprès de 700 élèves de la quatrième à la terminale dans quatre établissements de la région stéphanoise, n'est qu'une illustration parmi tant d'autres de ce qu'il faut appeler un échec pour la très grande majorité des "élèves" ou « apprenants ». Si besoin était de le vérifier encore, il suffirait de faire "traduire" un des tests annexés en fin d'ouvrage sur n'importe quel échantillon représentatif.

A la différence d'un QCM, ce test basé sur le bilinguisme pratique et élémentaire s'avère totalement imparable pour cerner la capacité réelle d'expression autonome de la personne évaluée. L'enquête complète jointe en annexe, dont les résultats ont été sans cesse confirmés par la suite sur plus de dix mille tests en milieu adulte, professionnel ou étudiant, révèle pour l'essentiel le constat suivant :

- **En classe de seconde, moins de la moitié des élèves sont capables de s'exprimer au niveau sixième**, (présent simple et progressif – pronoms personnels – cas et adjectifs possessifs – formes affirmative, interrogative et négative – questions en WH), alors qu'ils sont en <u>cinquième année d'anglais</u> première langue !

- En classe de première et terminale, seuls 15% des candidats au baccalauréat maîtrisent l'expression des structures du niveau collège, c'est-à-dire les temps et formes indispensables pour s'exprimer et conserver une compétence active minimale (niveau sixième déjà cité + futur, prétérit, present-perfect et conditionnel).

Encore ne s'agit-il là que de baccalauréats classiques (filières L, ES et S), ce qui signifie que si l'on tient compte de tous les baccalauréats, et à plus forte raison de tous les élèves qui s'arrêtent avant ce niveau, **le rendement effectif global de l'éducation initiale est nettement inférieur à 10% du public français.**

Un déséquilibre caractéristique

Si l'on tient compte des dimensions principales de la langue que sont la structure, la compréhension et la prononciation, on remarque un déséquilibre totalement anormal entre les compétences audio-orales passives (compréhension superficielle et prononciation en lecture ou répétition) et le niveau réel d'**expression** personnelle orale ou écrite. Même après des années d'études, plus de **90%** des français, jeunes ou adultes, sont de fait incapables d'utiliser leur anglais de façon autonome, fiable et durable, alors même qu'ils sont souvent capables d'en comprendre l'essentiel ou de le prononcer correctement, comme s'ils avaient installé **un récepteur sans émetteur, ou des connaissances sans compétence. Autrement dit, les méthodes et approches usuelles sont insuffisantes sur l'essentiel de ce qui constitue la maîtrise active de l'anglais chez plus de 90% des français.**

En effet, les trois éléments incontournables de notre propos sont l'enseignant, l'étudiant et la méthode pédagogique, cette dernière devant normalement assurer le contact optimal entre les deux personnes impliquées. A priori, les enseignants d'aujourd'hui ont un niveau d'anglais largement suffisant pour transmettre leur savoir pratique, tandis que les étudiants, parlant déjà français, possèdent une langue dix fois plus complexe que l'anglais du point de vue grammatical, ce qui les rend logiquement tout à fait capables d'acquérir une langue dix fois plus simple. Or c'est précisément la structure de cette langue facile qui paralyse leur expression, au point que neuf sur dix d'entre eux sont incapables d'accomplir cette simplification mentale, preuve évidente que c'est bien l'outil pédagogique intermédiaire qui doit être complété et perfectionné.

II – L'apport de l'expérience Saintélangues

Les affirmations suivantes sont susceptibles de surprendre *a priori* de nombreux enseignants ou responsables habitués au triste "rendement pédagogique" précédemment décrit, tant les conclusions de l'expérience Saintélangues de l'ISA peuvent paraître paradoxales. Il suffira pourtant de faire essayer cette méthode à un nombre représentatif d'élèves, étudiants ou stagiaires adultes, pour comprendre qu'au-delà d'une simple méthode, il s'agit en fait d'une découverte pratique sans précédent en matière d'apprentissage autonome. La preuve existe déjà dans la satisfaction quasi-unanime des étudiants de l'ISA depuis la mise en place de la première version de Saintélangues en 1989, avec une proportion de succès de 80% au strict minimum.

Les limites du "pédagocentrisme"

La première cause du blocage généralisé décrit plus haut réside dans la trop grande passivité de la pratique habituelle. Les méthodes usuelles sont en effet basées sur **l'enseignement** plus que sur **l'apprentissage**, ce qui donne le rôle moteur à l'enseignant (pédagocentrisme), tandis que "l'étudiant" reste globalement dépendant et passif à la façon d'un spectateur (du moins chez les 90% du public en situation d'échec). Les activités proposées par ces méthodes sont prévues pour être pilotées par l'enseignant, et "l'étudiant" se contente d'écouter, de répéter, d'apprendre par cœur, de remplir des phrases à trous ou autres QCM. Or dans toutes ces activités, **la phrase anglaise est déjà donnée construite** par la méthode ou l'enseignant. Dans ces conditions, le cerveau de l'élève n'a aucune occasion de construire par lui-même de façon complète, organisée, volontaire et suffisamment intensive pour installer la compétence grammaticale, et le processus mental de l'expression autonome se trouve ainsi court-circuité.

Compter sur la répétition et "l'appris par cœur" revient à réduire un cours de langue à un cours de chant et ne stimule que la mémoire, la compréhension passive, l'audition et la prononciation. Cela explique les progrès sensibles accomplis en matière audio-orale, mais ne résout en rien le blocage qui nous préoccupe. Que l'on parle ou que l'on écrive, c'est le cerveau qui doit **construire et composer spontanément** la phrase en fonction du contexte, avant même que la langue ou la main ne soit concernée. Au lieu de cela, les étudiants sont contraints d'apprendre par cœur d'une séance à l'autre en oubliant au fur et à mesure des nouveautés, puisque aucune logique anglophone ne se structure dans leur cerveau. Même si la mémoire leur permettait d'apprendre le dictionnaire entier, ce dernier resterait inerte et passif, simple stock de savoir dépourvu du savoir-faire correspondant. Car « parler » une langue, c'est s'exprimer en respectant **tout** le processus mental que cela suppose, lequel s'articule sur la maîtrise du verbe, de son temps et de sa forme pour multiplier le sens des mêmes mots usuels selon chaque contexte improvisé. C'est pourquoi Saintélangues est prioritairement centrée sur l'**apprentissage autonome actif et constructif.**

Les limites de "l'anglocentrisme"

La seconde limite des méthodes habituelles réside dans ce qui pourrait s'appeler "l'anglocentrisme", c'est-à-dire le principe de l'apprentissage intuitif et situationnel par imitation, à la façon d'une langue maternelle, en interdisant tout rapport avec le français. Ici encore, l'expérience Saintélangues de l'ISA démontre de façon désormais indubitable que pour **plus de 90% des francophones, il est impossible d'apprendre l'anglais hors contexte anglophone à la façon d'une langue maternelle** et principalement pour les raisons qui suivent.

La langue maternelle (le français en l'occurrence) s'apprend par imitation et répétition durant les trois premières années de la vie, sur un cerveau vierge, dans une **immersion quotidienne, intensive et permanente.** Alors s'opère mentalement un travail de démolition et de reconstruction qui installe peu à peu le réflexe grammatical avant même de rejoindre l'école. Une fois le français devenu totalement inconscient et réflexe, installer l'anglais dans le même cerveau (à plus forte raison hors contexte anglophone) n'a plus rien d'évident.

D'une part la logique latine du français diffère de la logique saxone de l'anglais, tandis que la maturité mentale déjà installée nous rend plus "secondaire" ou moins intuitif ; d'autre part **les conditions d'apprentissage ne sont plus comparables à celles d'une langue maternelle** : aucun contexte d'immersion continue, pré-existence d'une langue réflexe inconsciente maîtrisant le cerveau malgré soi, sans oublier les contraintes d'horaires et de groupe qui rendent insignifiantes les occasions de "parler".

Puisqu'il faut bien loger deux langues sensiblement différentes dans le même cerveau, en ayant pour outil de départ la seule langue maternelle, le but sera atteint lorsque la frontière entre les deux logiques d'expression sera précise, étanche et sans interférence d'une langue sur l'autre. Or les résultats observés plus haut, à la lumière des résultats sept à huit fois supérieurs de l'approche Saintélangues démontrent qu'il y a confusion entre le but et le moyen.

Le but, en effet, est de parler anglais sans s'appuyer sur le français, tout comme le but d'un parisien voyageant vers l'Angleterre est d'arriver à Londres. Mais tenter d'apprendre l'anglais à la façon d'un natif londonien, c'est ignorer totalement **le trajet** qui sépare Paris de Londres, c'est-à-dire la traversée mentale continue et progressive que suppose le bilinguisme. Il est inévitable d'utiliser son cerveau francophone pour apprendre l'anglais, que l'on soit doué ou non pour cette matière. La seule différence, c'est que moins de 10% des français, suffisamment intuitifs en la matière, font ce trajet naturellement, spontanément et inconsciemment, tandis que plus de 90% ont cruellement besoin de faire la même démarche de façon consciente, explicite et progressive. C'est la seule façon pour ces derniers de compenser leur manque d'intuition et de « facilité » par plus de réflexion et de pratique organisée.

III – La solution Saintélangues

Le bon trajet dans le bon sens

C'est là tout l'intérêt de la méthode Saintélangues, outil spécifiquement centré sur cette "**soudure mentale indispensable**", dont chaque module permet à l'étudiant de passer progressivement de l'inconscient francophone au réflexe anglophone **par l'intermédiaire d'une phase bilingue temporairement consciente**. En pratique, la traversée de chaque module de 25 pages se fait en trois temps dans les 20 premières pages, pour ce qui concerne la phase d'acquisition de son objectif (une fois le résumé grammatical simplement lu avec attention).

- Les cinq premiers exercices permettent à l'étudiant d'**identifier** lui-même ses erreurs grâce au corrigé écrit, commenté et bien sûr audio. Il est alors surpris de voir que, malgré sa compréhension des explications, **son cerveau désobéit** de fait à sa propre volonté, précisément à cause du réflexe francophone. Ainsi, toutes les retouches qu'il va faire en se corrigeant (en rouge de préférence) lui révèlent de façon frappante les points précis où l'anglais se différencie mentalement du français. Grâce au ciblage du module par rapport au niveau de l'étudiant, les erreurs sont assez peu variées mais suffisamment fréquentes au départ, et chaque correction opère comme une piqûre d'aiguille sur le point précis du circuit cérébral à remanier "à l'anglaise". **C'est l'étape de l'inconscient francophone qui se termine.**

- Dans les cinq exercices suivants, alerté sur tous ces points par la première étape, **l'étudiant reprend possession de son cerveau** en repérant les pièges pour les éviter, et prend un réel plaisir à ne plus faire les erreurs qui le trahissaient précédemment. **C'est l'étape très temporaire mais indispensable du « conscient bilingue »**, puisqu'il opère encore volontairement, en faisant attention à chaque point délicat, par un détour de réflexion indirecte et comparative entre les deux langues, mais avec une facilité déjà croissante et le plaisir d'un résultat déjà correct. Cette étape intermédiaire lui permet en fait de reprendre l'autorité sur son « cerveau linguistique » pour les seuls points de « friction » concernant les deux langues.

- **La troisième étape raccourcit la réflexion en réflexe** par la pratique intensive des dix exercices suivants, pour permettre à l'étudiant Saintélangues de ne plus réfléchir « techniquement » et de s'exprimer désormais en toute indépendance par rapport au français (qui ne sert plus de faux modèle). Le **rythme** s'accélère puisque tout devient plus facile et plus évident. Le vocabulaire s'acquiert intelligemment et créativement sans peine, sans même l'apprendre par cœur, grâce à la **fréquence** d'emploi de chaque mot et à la photographie mentale qu'encourage l'écrit, tandis que les corrections d'erreurs faites par inattention deviennent insignifiantes. La **densité** sans précédent du **brassage mental** ainsi activé permet d'atteindre un niveau d'installation réellement inconscient et réflexe.

- Enfin, les cinq derniers exercices, de compréhension et de reformulation (désormais tout en anglais), permettent de peaufiner l'acquisition définitive du palier correspondant, vérifiée aussitôt par un test qui n'est dès lors qu'une simple formalité.

Tel est, en résumé, l'apport de Saintélangues face au blocage crucial qui paralyse **plus de 90%** des francophones désireux d'apprendre l'anglais. Si la réussite d'une formation d'anglais se définit comme la capacité durable de <u>**s'exprimer** autant que de comprendre</u> (au niveau minimal illustré par le Structural Ability

Test en annexe), l'expérience de l'ISA depuis 1989 permet de certifier que **le "rendement pédagogique" actuel de moins de 10% de réussite est désormais multipliable par sept ou huit pour atteindre 70 à 80% de succès certain**, pour peu que cette méthode très simple à suivre soit appliquée comme il se doit.

Mais au fait, comment en est-on arrivé là ?

A ce stade de notre exposé, le lecteur est en droit d'être incrédule et de se demander pourquoi une telle solution n'a pas été trouvée plus tôt. Plus qu'aux enseignants eux-mêmes, c'est aux responsables pédagogiques académiques, chercheurs, concepteurs de méthodes et autres éditeurs qu'il faudrait poser la question. Un élément de réponse essentiel semble toutefois résider dans "l'anglocentrisme" décrit plus haut, qui s'est peu à peu imposé par la prédominance pédagogique des enseignants anglophones en matière d'édition. De leur point de vue, la langue de départ de l'étudiant n'a aucun intérêt et ne représente que des difficultés, et seul compte alors le fait de se faire comprendre, la prononciation et la compréhension leur paraissant beaucoup plus essentielles que l'expression. (Voir examens de type QCM tels que TOEFL, TOEIC, etc...)

Malheureusement, on peut difficilement prononcer quoi que ce soit sans d'abord le construire, et la tolérance courante de phrases "invertébrées" ne trompe pas longtemps les français, dont la plupart se démotive dès le niveau du collège. "Bluffés" par les phrases préfabriquées des méthodes "anglocentriques", les enseignants croient que leurs élèves parlent quand la plupart ne fait que réciter ou répéter, et l'édifice sans fondation s'effondre avant l'entrée au lycée, déconcertant professeurs, élèves et parents d'élèves qui finissent par s'accuser mutuellement d'être responsables de l'échec.

L'approche 100% anglophone plaît forcément à l'enseignant puisqu'il fait partie des surdoués en cette matière, et le rôle moteur qu'elle lui confère lui permet de se faire plaisir en animant un véritable "one man show» devant une classe à 90% incapable de participer authentiquement, avec les conséquences que l'on connaît en termes de stress, d'indiscipline et de démotivation. Les **QCM** et "phrases à trous" trop souvent utilisés pour évaluer les progrès finissent par tromper tout le monde, et le décalage s'aggrave du collège vers le lycée puis vers le supérieur et jusqu'aux adultes de tout âge en formation professionnelle, avec l'éternelle révision impossible des mêmes bases et une sensation commune de fragilité et de paralysie en matière d'expression.

C'est à son public adulte stéphanois que l'auteur doit le bonheur d'avoir trouvé la solution Saintélangues : un public extrêmement réactif, capable d'exprimer ses blocages et de participer à cette recherche sans précédent, au travers d'une approche expérimentale de vulgarisation au sens le plus noble du terme. Le seul mérite de l'auteur fut en fait d'accomplir un patient travail de fourmi – voire de romain ! – pour aboutir à la méthode Saintélangues qui vous est maintenant proposée.

IV – Saintélangues :

Des avantages pour tous les "acteurs"

Du point de vue de l'étudiant

La simplicité des explications nécessaires, la progressivité des exercices, et la haute précision du corrigé intégral audio, écrit et commenté rendent chaque étudiant **totalement autonome dans la phase d'acquisition ou d'installation** d'un module donné. Tout est prévu pour que l'étudiant joue un rôle de "professeur" envers lui-même, avec toutes les clés et les manettes à sa portée pour une indépendance totale. De fait, l'apprentissage d'un savoir-faire n'est vraiment réussi que lorsqu'on « s'enseigne à soi-même », car l'action du meilleur professeur possible s'arrête à la frontière de l'œil, de l'oreille et du cerveau de l'élève, qui seul peut compléter le dernier segment de l'appropriation du bagage nouveau, pour peu que l'outil pédagogique que constitue la méthode soit conçu dans son intérêt. Ainsi, en utilisant un module Saintélangues, chacun avance à son rythme, dans une fourchette habituelle de **15 à 20 heures de pratique par module**, mais rien n'empêche d'aller plus ou moins vite. Cela responsabilise totalement l'étudiant pour ce qu'il doit « apprendre à faire » en composant des phrases par lui-même (travail que le formateur ne peut en aucun cas faire à sa place), ne lui laissant plus aucune raison de ne pas atteindre l'objectif tôt ou tard. Le savoir-faire acquis en plus des connaissances stimule son envie d'apprendre et entretient sa motivation d'un module à l'autre, sans qu'il soit distrait ni dérangé par les rythmes et les capacités différentes des autres élèves, étudiants ou stagiaires.

Du point de vue de l'enseignant ou du formateur

En donnant enfin à l'étudiant les moyens de se responsabiliser, la méthode Saintélangues soulage d'autant l'enseignant d'une tâche impossible : celle d'apprendre à la place de son élève. S'il est souhaitable que le formateur puisse relier la pratique Saintélangues à son propre cours, son rôle se limite alors à présenter brièvement les objectifs de chaque module, imposer un rythme minimum ou une date limite (personnalisable) pour l'acquisition de chaque palier, vérifier éventuellement et ponctuellement les exercices de telle ou telle personne, répondre aux rarissimes questions de ceux qui rencontrent une difficulté, et bien sûr contrôler la progression grâce au test prévu en fin de module (qui peut même être simplement collecté après auto-correction). Cette implication minimale ne demande que très peu de temps et de préparation, puisque le principe même de Saintélangues est de **faire s'activer l'étudiant à la place du formateur**, économisant d'autant ce dernier pour l'animation du cours conversationnel et situationnel.

Libéré du souci de l'apprentissage, et stimulé par la motivation accrue d'étudiants devenus sûrs d'eux-mêmes et participatifs, l'enseignant peut enfin donner toute sa mesure dans **l'application orale pratique et son développement conversationnel**, avec l'estime et la reconnaissance de ses élèves, étudiants ou stagiaires adultes pour la solide cohérence de la formation qu'il leur offre désormais.

La pratique orale du cours lui-même s'en trouve intensifiée, avec beaucoup plus de temps disponible pour améliorer la compréhension et la prononciation, et une réduction symétrique du temps perdu à répéter les mêmes choses et à maintenir la discipline ou la motivation. La conversation est alors un réel plaisir partagé, et n'importe quelle méthode documentaire devient pleinement opérationnelle, sans même avoir besoin d'imposer en cours des exercices improductifs devenus superflus. Naturellement, le formateur peut aussi choisir de développer son cours directement à partir des documents et "pair work questions" de la méthode Saintélangues.

Du point de vue de l'établissement ou du centre de formation

Le troisième grand gagnant de cette nouvelle approche est l'établissement lui-même, qu'il soit **collège, lycée, université, école supérieure, centre de formation privé, public, ou d'entreprise.** La satisfaction généralisée des élèves, étudiants, parents d'élèves et adultes en formation professionnelle permet au centre utilisateur de Saintélangues de se construire une réputation de sérieux et d'efficacité, avec tous les avantages humains et économiques que l'on peut aisément deviner.

Les symptômes caractéristiques de l'échec que sont l'absentéisme, le stress, l'indiscipline, et tous les excès comportementaux qui en découlent, n'ont plus de raison d'être dans une atmosphère de confiance et d'estime mutuelles retrouvées. La fidélisation des "clients" n'en est que plus évidente en termes d'inscriptions et de ré-inscriptions, tandis que l'équipe pédagogique n'en devient que plus stable et mieux soudée, et ce d'autant plus que **Saintélangues supprime totalement l'aléa injuste d'un résultat variable en fonction du professeur.**

Pour les responsables pédagogiques et financiers, l'organisation des enseignements s'en trouve **beaucoup plus souple et plus économique**, grâce à la flexibilité totale de Saintélangues, qui permet aussi bien des formations de groupe planifiées d'avance que des formations individuelles "à la carte" débutant à tout moment de l'année. A cet effet, l'expérience acquise à l'ISA montre que la proportion d'enseignement "en direct" nécessaire pour atteindre un niveau donné peut être **réduite sans risque au minimum des deux tiers, et jusqu'au dixième des heures programmées** en travail autonome (selon le contexte), sans nullement porter préjudice au résultat global ni à la satisfaction de chaque étudiant. Cela représente une économie substantielle pour les centres de formation privés, publics et les grandes entreprises, toujours soucieux de réduire les coûts de fonctionnement tout en améliorant le résultat pédagogique. Sans compter le fait que les "piqûres de rappel" ne sont plus nécessaires pour l'essentiel, libérant plus de moyens pour la spécialisation ciblée sur les besoins professionnels ou les préférences de chacun.

Enfin, la précision révélatrice des tests périodiques autorise une **gestion statistique optimale** pour ajuster parfaitement les moyens aux objectifs et comparer utilement tous les paramètres humains et techniques de la formation d'une année sur l'autre : étudiants ou stagiaires, enseignants, formules, plannings, rythmes, horaires, coûts pédagogiques, etc. Autant dire qu'il serait dommage de se priver d'un tel outil, idéalement complémentaire de tout enseignement, ne serait-ce que pour le tester sérieusement afin de se faire une opinion en toute objectivité. C'est précisément l'intérêt de notre proposition, dans le but commun de **faire reculer de 70 à 80% l'échec et la démotivation**, plaies endémiques de l'enseignement de l'anglais en France, désormais totalement injustifiées puisque Saintélangues est à votre disposition.

V – Une recherche sans précédent

L'auteur

Bernard GARDE, né le 14/07/1953 à St CHAMOND (Loire), marié et père de trois filles.

Formation :
- Docteur ès Sciences-Economiques (Université de Lyon 2)
- Postgraduate in Architectural Planning and Urban Studies (Aston-Birmingham UK)
- Maître ès Lettres en Anglais (Université Jean Monnet de St Etienne)

Expérience :
- 1982 : Fondateur - Directeur de l'Institut Stéphanois d'Anglais, et enseignant-chercheur indépendant.
- 1977-1982 : Chargé de cours à l'Université Jean Monnet de St Etienne, puis professeur d'Anglais et de Sciences-Economiques au lycée St- Louis de St Etienne.
- 1976/77 : Lecteur à l'Université d'Aston-Birmingham (UK).
- 1974/75 : Assistant à William Penn School. – Rickmansworth (UK).

L'Institut Stéphanois d'Anglais (ISA)

- Fondé par l'auteur et son épouse Claude, en juillet 1982 à la suite de sept années d'expérience d'enseignement en Angleterre, puis en France, auprès d'adultes, d'étudiants spécialistes ou non spécialistes ainsi que de lycéens, dans le but avoué de chercher et de mettre au point une méthode d'apprentissage anti-échec.

- Activité d'enseignement et de formation professionnelle continue auprès des particuliers et des entreprises (public d'adultes, d'étudiants et de scolaires) (entre 400 et 500 stagiaires par an sur plus de 20 ans d'expérience).

- Activité de recherche et de mise au point d'une méthode chaque fois plus performante et autonome dont l'aboutissement est la méthode SAINTÉLANGUES, qui a peu à peu complété, puis quasiment remplacé l'enseignement par l'apprentissage.

- Publication de nombreux ouvrages documentaires et de modules d'exercices en anglais général ou spécialisé (commercial, médical), ainsi qu'en allemand et en espagnol. (Plus de 150 dépôts légaux d'édition en 20 ans d'expérience).

A ce jour, la recherche qui fut à l'origine de la fondation de l'ISA a totalement atteint son objectif en matière d'anglais, et le principe a déjà été positivement testé et transféré sur l'apprentissage d'autres langues telles que l'allemand, l'espagnol, l'italien, voire le japonais, bien que, déontologiquement, seul l'anglais soit proposé compte tenu des étapes prévues par la méthode. De fait, potentiellement et avec l'autorisation de l'auteur, n'importe quelle langue de départ peut être utilisée en remplacement du français, à condition de viser l'anglais comme langue d'arrivée et d'ajuster les explications grammaticales en fonction de la langue de départ choisie.

Enfin, depuis la parution de la dernière version autonome de Saintélangues en 1998, et unanimement surpris par l'efficacité et l'originalité de fond de cette méthode, les stagiaires demandent très souvent pourquoi un tel instrument d'apprentissage reste limité aux seuls étudiants de l'ISA, alors qu'il correspond idéalement à l'attente et aux besoins d'au moins 90% des publics adulte, étudiant et scolaire. D'où la démarche qui vous est aujourd'hui proposée pour tester, apprécier et promouvoir cette nouvelle approche.

VI – Rigueur de fond et souplesse d'utilisation

Publics concernés

Public décideur

Enseignants-formateurs
Responsables pédagogiques
Responsables ANPE (Pôle Emploi), Greta
Responsables formation
Directeurs Ress. Humaines

Etablissement

Collèges, lycées, universités
Grandes écoles, administration
Centres emploi-formation
Instituts publics et privés
Entreprises et comités d'entreprise.

Public utilisateur

Collégiens, lycéens, étudiants
Elèves du Supérieur et encadrement
Demandeurs d'emploi
Adultes / formation continue
Salariés / D.I.F. (devenu C.P.F).

Lieux et modalités

Au gré du formateur responsable, Saintélangues s'utilise au choix :

- **en centre ou à distance, chez soi ou en milieu professionnel**
- seul, en binôme ou en groupe
- avec ou sans application conversationnelle
- en formation intensive, extensive ou alternée
- en formation initiale, remise à niveau ou perfectionnement

Contenu de chaque module des niveaux 0, 1 et 2 :

Pour 15 à 20 heures de pratique autonome, chaque module comprend :

- **Un document de cours** contenant :
    - le vocabulaire français/anglais expliqué
    - le résumé grammatical du module correspondant
    - le corrigé intégral écrit et commenté

- **Un livret d'exercices** contenant :
    - 20 exercices de traduction-construction pour l'acquisition du palier
    - 5 exercices de compréhension et de reformulation

- **Un enregistrement** du corrigé et de tous les exercices de compréhension

- **Un test d'évaluation** (avec ou sans autocorrigé selon option du formateur)

Enfin, concernant le niveau 3 « post-bac et spécialiste », chaque module contient 20 exercices centrés sur l'acquisition des **tournures idiomatiques,** suivis de quatre documents de compréhension sous forme d'article ou de "short story" (+ enregistrement). A la différence des autres niveaux, le vocabulaire de l'ensemble des six modules est fourni dès le premier palier, avec un récapitulatif grammatical complet portant sur la totalité des trois niveaux précédents.

Le tableau (cf. p.33) présente l'ensemble des niveaux et modules Saintélangues, en précisant le contenu lexical et les compétences grammaticales de chaque palier, sachant que le rythme **minimum** recommandé en formation hyper-extensive est **d'un module en 6 semaines** (ou deux modules par trimestre), ce qui représente une moyenne de **4 exercices par semaine**. A l'inverse, on peut facilement assimiler un module 4 jours et un niveau complet en un mois en cas de stage intensif.

VII – Organisation de Saintélangues

**Du débutant au spécialiste,
6 modules par niveau sur 4 niveaux disponibles**

- Méthode 100% autonome
- Apprentissage individualisé et modularisé
- Objectifs clairement définis (connaissances et compétences)
 - Assimilation par composition de phrases usuelles
- Sécurité et clarté du bilinguisme intégral
- Haute précision des explications et du corrigé abondamment commenté
- Haute densité de réactivation lexicale et structurale
- Permanence et autonomie des compétences acquises
- Simplicité et fiabilité des contrôles périodiques

Publics et niveaux	CONTENU DES 24 MODULES DE LA METHODE SAINTÉLANGUES					
Etudiants : université, grandes écoles, TOEFL, *Cambridge*, TOEIC, BCC	3/1	3/2	3/3	3/4	3/5	3/6
	brassage systématique des structures simples, composées et complexes de l'anglais					
Adultes : niveau bilingue	acquisition des tournures idiomatiques, expressions de liaison et de nuanciation					
CECRL C/2						
Scolaires : niveau BAC	2/1	2/2	2/3	2/4	2/5	2/6
Adultes : niveau optimal pour usage professionnel quotidien	brassage N/1	voix passive + plu-perfect	futur antérieur modaux can, may, must et should	conditionnel passé + "should have"	for since ago	révision réactivation
CECRL C/1	(daily life)	(food & drinks)	(town life)	(life at work)	(transport)	(travelling)
Scolaires : niveau 4ème	1/1	1/2	1/3	1/4	1/5	1/6
Adultes: niveau minimum pour usage professionnel CECRL B/1-B/2	brassage N/0 "vouloir que" question tag	futur simple comparatif superlatif	prétérit simple et progressif V. irréguliers	present perfect	conditionnel simple	révision réactivation
	(daily life)	(food & drinks)	(town life)	(life at work)	(travelling)	(social life)
Scolaires : niveau 6ème	0/1	0/2	0/3	0/4	0/5	0/6
Adultes: trousse de survie touristique ! CECRL A/1-A/2	présent aff. pronoms et cas possessif	formes interrogative et négative	questions en WH	forme progressive	révision réactivation	révision réactivation
	(people)	(home life)	(food & drinks)	(town life)	(life at work)	(travelling)

Les activités Saintélangues ou la recette du succès

Etude du module (volume A) - Observation comparative.

Lire attentivement les explications du vocabulaire et surtout le résumé grammatical pour repérer les obstacles, c'est-à-dire les différences entre l'anglais et le français. (Il est inutile d'apprendre par cœur quoi que ce soit).

Exercices 1 à 20 (volume B):

Activité : Construction.

Traduire en anglais sous chaque ligne en utilisant le vocabulaire et la grammaire du volume A, puis corriger sitôt la page terminée, en utilisant d'abord le corrigé écrit et commenté du volume C, puis l'enregistrement pour l'entraînement audio.

Objectif : Construire et mémoriser activement, afin de passer progressivement de la réflexion au réflexe.

Conseils : Entourer visiblement chaque erreur, (si possible en rouge) et écrire la correction de façon très lisible. Observer le nombre et la nature des rectifications, analyser leurs causes en se reportant aux commentaires du corrigé, aux notes du vocabulaire ou à la grammaire du module, afin d'éviter ces pièges dans l'exercice suivant. Prendre le temps d'approfondir consciemment les "nouveautés" que révèlent les trois ou quatre premiers exercices.

Evaluation : Après les 25 exercices du module, le test périodique est "traduit" en 20 à 25 minutes sans document, puis auto-corrigé ou corrigé par le formateur. Barème conseillé : partir d'un capital de 20 points et supprimer un demi-point par erreur. (Chaque ligne vaut un point).

Exercices 21 à 25 :

Attention : il est inutile de traduire en français cette partie du module.

Activité 1 : Dictée de compréhension.

Ecouter l'enregistrement, en mettant la pause aussi souvent que nécessaire. Transcrire la phrase entendue en dictée intégrale en cachant la ligne ou la page imprimée.

Objectif : Entendre, comprendre, et améliorer son oreille face aux sonorités de l'anglais.
Evaluation : Enlever le cache pour comparer les phrases, puis corriger ou compléter.

Activité 2 : Questionnement.

Poser la question correspondant à chaque partie de phrase soulignée, en écrivant juste sous la phrase, à l'encre ou au stylo à bille. (Les modules 0/1 et 0/2 ne sont pas concernés).

Objectif : Compréhension, transformation et réactivation sans passer par le français.

Evaluation : Comparer son travail avec le corrigé intégral écrit. Observer et analyser.

Activité 3 : Ecoute et répétition.

Facultativement, chez soi, écouter l'enregistrement phrase à phrase, et répéter en imitant de son mieux. (On peut aussi répéter les corrigés des pages 1 à 20).

Objectif : Améliorer la prononciation, l'accentuation, le rythme et la fiabilité de l'élocution.

Evaluation : On peut s'enregistrer en lecture continue, puis s'écouter en comparant avec l'enregistrement pour mieux apprécier le résultat.

SECONDE PARTIE

COMMUNICATION

A L'INSPECTION GENERALE

1 - Perspective historique de la recherche

Le contexte pédagogique des années 70 est à l'origine de l'intuition de départ de la recherche Saintélangues. Très schématiquement, ces années-là correspondent à la généralisation des approches audio-orale, audio-visuelle, puis notionnelle-fonctionnelle autorisées par l'évolution des supports techniques écrits, audios et visuels, en réaction très nette contre les excès de méthodes "anciennes" trop écrites, littéraires et grammaticales.

De 1977 à 1982, enseignant auprès d'étudiants spécialistes et non-spécialistes, ainsi qu'auprès de lycéens et d'adultes en formation continue, j'ai pris conscience du besoin de combler le "fossé" qui sépare "l'enseignant" de "l'étudiant" par la mise au point d'**un outil complémentaire destiné à chaque étudiant**, et susceptible de réconcilier les points de vue pédagogiques déjà mentionnés en les rendant compatibles dans un juste équilibre. Appréciant la réactivité et la curiosité des adultes, je me suis passionné pour cette recherche, au point de fonder l'**Institut Stéphanois d'Anglais** avec ma femme Claude en 1982. Malgré son statut privé de SARL, l'ISA est devenu depuis lors un véritable petit centre de recherche appliquée, auto-financé par le public adulte et les entreprises de St. Etienne, et en prise directe avec la réalité de leurs besoins linguistiques quotidiens.

La recherche pratique de l'ISA s'est alors déroulée en trois périodes distinctes :

De 1982 à 1988, nous proposons une pédagogie orale classique en petit groupe d'une dizaine de participants, centrée sur l'animation professorale d'une méthode documentaire propre à l'ISA et répartie en 12 "Student Booklets". Mais, appliquant déjà notre principe de complémentarité des approches décrites plus haut, nous offrions alors à chaque inscrit la méthode **Progressive Progress**, en réalité un véritable embryon de Saintélangues, pour un travail personnel facultatif recommandé entre les cours. Sur plusieurs dizaines de groupes, chaque année pendant cinq ans, nous avons eu la surprise d'observer que les stagiaires qui progressaient le plus rapidement étaient les utilisateurs réguliers de Progressive Progress. Il fallait donc considérer que ces travaux-pratiques, loin d'être secondaires et facultatifs, devaient faire partie intégrante du programme imposé, en préalable au cours, à condition de "mieux en tailler les marches" pour un effort dosé et motivant.

De 1988 à 1996, la méthode des **Study Booklets ISA, devenue Intellangues, puis Saintélangues** nous a permis de faire "éclater" les obstacles de Progressive Progress en autant de modules ou paliers, pour la plus grande satisfaction de tous les stagiaires, jusqu'à obtenir 80% de succès minimum assuré (mesurés par six années de statistiques détaillées sur plus de 2.600 stagiaires). Chaque "étudiant" préparait cinq exercices par semaine, tandis que le cours était partagé entre travaux-pratiques oraux (correction + exercices anglais) et conversation à partir d'un dialogue en situation.

Depuis 1996, et particulièrement grâce à de nombreux stages intensifs pour l'ANPE (aujourd'hui Pôle Emploi), la méthode

Saintélangues s'est intégralement "autonomisée" pour permettre un parcours individuel en toute sécurité et flexibilité, assurant si bien l'acquisition des compétences que la pratique orale assistée en est devenue facultative et secondaire. Depuis lors, cet **outil fondamental d'apprentissage** répond précisément au blocage caractéristique observable chez plus de 90% du public français vis-à-vis de l'anglais.

Principales étapes de l'ISA :

82-88 : méthode documentaire + pratique orale en groupe + 84 exercices en TPs facultatifs
88-96 : TPs imposés (5 pages / semaine) corrigés oralement en groupe + conversation
Depuis 96 : TPs autonomes en parcours individuel + cours particulier facultatif

Le nombre total d'exercices est passé de 84 à 840 pour s'ajuster finalement sur 570 en 4 niveaux.

1 bis – Perspective historique de la recherche Saintélangues

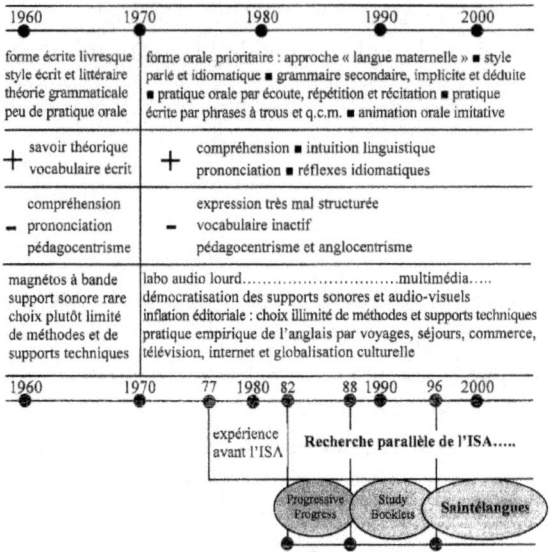

2 - Les compétences linguistiques

Comme nous le montre le schéma de la page 46, et à des degrés divers selon le niveau de chacun, le blocage caractéristique se situe dans le **"cerveau émetteur actif"** par opposition au **"cerveau récepteur passif"** déjà assez bien installé par les méthodes audio-orales ou conversationnelles imitatives.

De fait, les activités orales ou écrites usuelles basées sur l'écoute, la répétition, la récitation, les phrases à trous et les QCM, ne proposent que **des phrases déjà construites** et développent surtout la connaissance, la compréhension et la prononciation, sans offrir une densité suffisante pour impliquer totalement le cerveau émetteur de "l'étudiant".

Le résultat est un contraste frappant entre des capacités de compréhension et de prononciation souvent très développées, et de graves difficultés d'expression autonome orale ou écrite. D'où le blocage ressenti par 90% du public, dont l'expression est caractérisée par un manque total de spontanéité ou de fiabilité, allant de l'erreur devenue réflexe à l'incapacité de construire la moindre phrase réellement personnelle.

La recherche de l'ISA et la solution Saintélangues ont eu précisément pour but de **compléter le circuit de l'expression** en se concentrant sur **le segment cérébral manquant** pour obliger l'étudiant à construire totalement la phrase. Le moyen le plus "économique" et le plus efficace (en termes d'effort) pour y parvenir n'est autre que la **traduction écrite de style oral et usuel**, à condition qu'elle soit **"scientifiquement" organisée pour être à** la fois intensive et progressive. Hors contexte anglophone naturel, c'est en effet la seule façon de s'assurer des quatre points suivants :

- Chaque étudiant doit faire **tout** le travail créatif nécessaire d'observation, de construction, d'évitement des pièges et de brassage intensif, selon sa propre vitesse de progression.

- La forme écrite permet non seulement à tout le monde de s'exprimer en même temps en cours de TP et chacun selon son rythme, mais aide aussi l'élève à mémoriser visuellement les mots et à analyser les structures avec une concentration mentale incomparable à l'attention souvent superficielle d'une pratique orale trop facilement distrayante, surtout lorsqu'elle est animée par un tiers, ce qui est le cas de l'enseignement.

- L'approche bilingue temporairement indispensable permet de repérer tous les "pièges" dérivés en fait de l'inconscient francophone, grâce à l'activité individuelle constructive et intensive qu'autorisent ces travaux-pratiques.

- Enfin, la densité de la pratique et la progressivité des modules permettent de passer en douceur **de la traduction à l'expression directe** en assurant le montage progressif et logique d'un véritable moteur d'expression anglophone indépendant de l'émetteur francophone.

En réalité, les « surdoués » ou « intuitifs » très minoritaires mentionnés en début d'ouvrage accomplissent la démarche Saintélangues de façon spontanée, immédiate et inconsciente, et ont la particularité commune d'avoir conservé un accès possible au « moteur d'expression », c'est-à-dire à la grammaire de leur propre langue. Le fait d'avoir conservé la conscience possible de leur langue « maternelle » à tout moment leur permet, sans même faire appel à cette faculté, de sentir intuitivement les différences à opérer d'une langue à l'autre, et de les appliquer spontanément sans effort ni mérite, avec très peu de pratique, car le lien entre leur cerveau conscient du moment vécu et le moteur linguistique « inconscient » qui leur permet de parler n'a jamais été rompu.

Pour l'écrasante majorité de tous les autres « apprenants » la langue maternelle est hélas devenue totalement réflexe et inconsciente, au point qu'ils ne savent plus quel temps ou forme ils utilisent, preuve que le lien en question est bel et bien rompu et doit être dès lors rétabli par l'approche plus progressive, volontaire et consciente qui caractérise le processus Saintélangues.

2 bis – Les compétences linguistiques

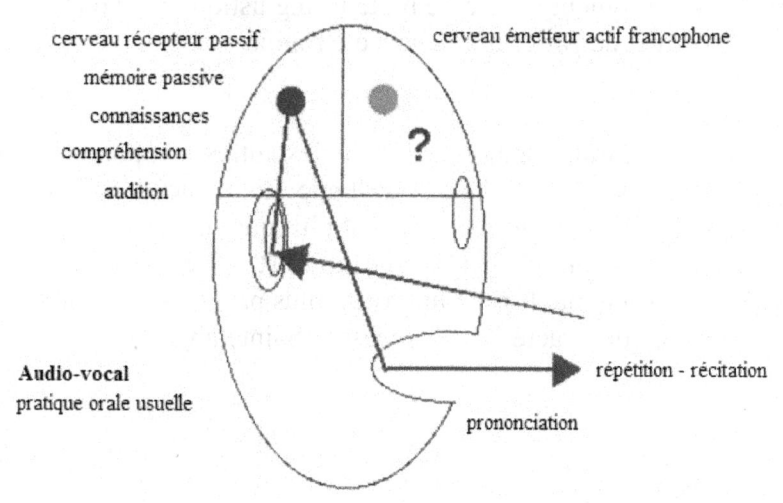

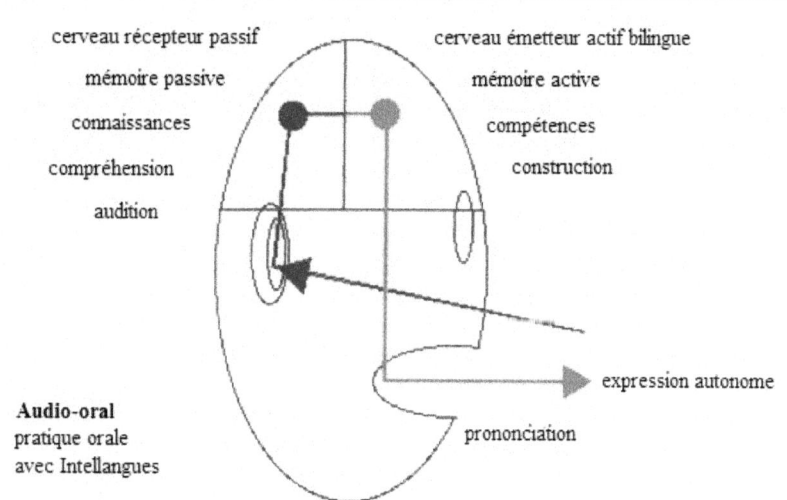

Depuis 1996, le degré d'autonomie autorisé par Saintélangues et les résultats qui en découlent changent si profondément les conditions d'apprentissage que la pédagogie s'en trouve désormais enrichie d'un **nouveau principe,** réconciliant ainsi toutes les approches jusqu'à présent vainement opposées ou mélangées : la **double approche** ou **bi-pédagogie.**

Paradoxe de Saintélangues :

La pratique orale, **but** de l'enseignement, manque d'efficacité et de densité en termes d'installation d'un niveau de compétences pour plus de 90% de la population, et suppose donc comme **moyen préalable** une pratique individuelle écrite et audio pour suractiver le cerveau de la réflexion jusqu'au réflexe.

3 - Saintélangues ou la bi-pédagogie

Tout en privilégiant trop l'enseignement (en direct ou simulé) aux dépens de l'apprentissage, de nombreuses approches pédagogiques ont été expérimentées et souvent généralisées depuis les années 70. Bien que certaines soient basées sur une **mono-pédagogie** extrême de forme parfois très originale, presque toutes les approches sont qualifiables de **mixtes**, essayant d'intégrer la totalité des compétences à travers les activités précédemment décrites. Depuis quelques années, on assiste même à une multiplication d'ouvrages centrés (ou recentrés) sur la structure et les connaissances grammaticales (mais hélas sans remise en cause de l'approche professorale) pour tenter de répondre à la détresse linguistique de l'écrasante "majorité silencieuse".

Les tests de bilinguisme élémentaire proposés par l'ISA nous font constater que ces multiples tentatives restent vaines pour neuf personnes sur dix sur le plan crucial de la compétence active d'expression, tandis que l'expérience Saintélangues de l'ISA nous permet désormais de comprendre pourquoi.

Etant un processus intellectuel pratique, l'acquisition de la structure d'expression suppose en effet d'attaquer le problème par l'autre bout, du côté de l'**apprentissage**, là où l'étudiant doit s'activer à 100%, à la place même de l'enseignant. Ceci implique donc l'acceptation d'une **approche double ou bi-pédagogique**, et revient à dire que l'enseignant (ou l'enseignement) ne peut accomplir que la moitié du chemin nécessaire au contact pédagogique total. L'autre moitié revient à l'étudiant <u>seul</u>, et **suppose une méthode de sens et de forme exactement inverses aux principes de l'enseignement**, ce qui est la définition même de Saintélangues.

Puisqu'il est impossible d'associer en simultané deux approches aussi parfaitement complémentaires, il suffit de séparer la pratique en **deux temps totalement distincts** et de faire confiance au cerveau de chaque "apprenant" pour assurer la synthèse. Cela revient à dire que, pour la quasi-totalité du public (et à la différence d'une langue maternelle), une langue étrangère s'acquiert forcément par un panachage de réflexion et d'intuition, de pratique et de mémoire, dans un dosage propre à chaque individu selon ses aptitudes. L'approche bi-pédagogique que Saintélangues autorise a précisément pour avantage de **doubler la sécurité de l'apprentissage** en complétant idéalement n'importe quel cours habituel, démontrant ainsi que ce que l'on croit incompatible est en réalité **complémentaire**.

Après tout, lorsque deux gaz ou liquides nécessaires à une machine sont techniquement inconciliables, il suffit à l'ingénieur de concevoir deux circuits étanches l'un à l'autre pour obtenir satisfaction. De même, un pont ne se construit jamais en ne partant que d'une seule rive, mais au contraire **des deux côtés à la fois, et dans des directions volontairement opposées**. Et qui n'a jamais remarqué que pour être parfaitement emboîtables, deux pièces d'un puzzle ont besoin de formes radicalement contraires ?

3 bis – Saintélangues ou la bi-pédagogie

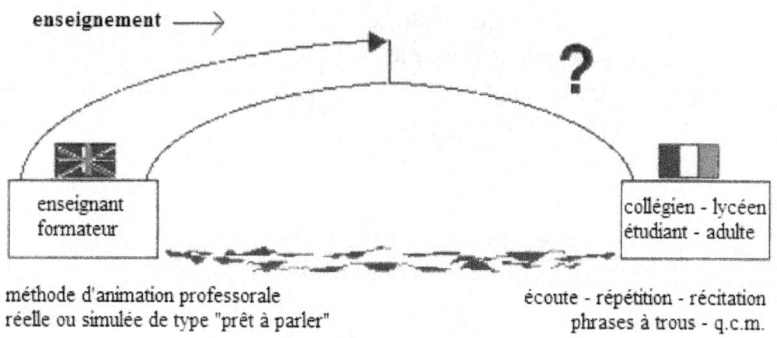

Approches mono-pédagogiques ou mixtes

enseignement ⟶

enseignant formateur

collégien - lycéen étudiant - adulte

méthode d'animation professorale réelle ou simulée de type "prêt à parler"

écoute - répétition - récitation phrases à trous - q.c.m.

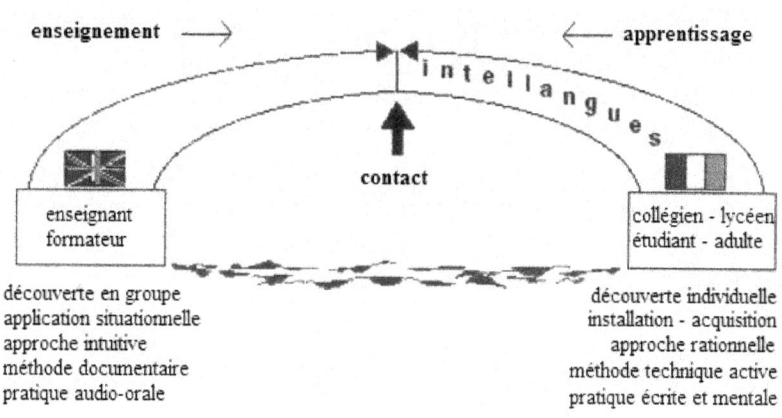

Approche bi-pédagogique d'Intellangues

enseignement ⟶   ⟵ apprentissage

contact

enseignant formateur

collégien - lycéen étudiant - adulte

découverte en groupe
application situationnelle
approche intuitive
méthode documentaire
pratique audio-orale

découverte individuelle
installation - acquisition
approche rationnelle
méthode technique active
pratique écrite et mentale

L'équation bi-pédagogique :

L'approche orale assistée développe la compréhension, la prononciation et l'intuition vécue.

L'approche écrite autonome développe l'expression structurée, la mémoire active et la réflexion.

La première manque de densité et de progressivité pour installer intuitivement la compétence.

La seconde, bilingue, segmentée et suractivée, permet la traversée sécurisée du français vers l'anglais et développe même l'intuition pratique par la densité de réactivation qu'elle autorise.

Les deux approches, incompatibles en simultané, sont idéalement complémentaires en parallèle ou en différé.

4 - Exemple du module 1/1 de Saintélangues

- Echantillon proposé en illustration à cet exposé, le module 1/1 correspond au besoin de remise à niveau à la fois fondamentale et accélérée typique du "**faux-débutant**", et concerne à ce titre plus des trois quart des stagiaires de l'ISA désireux de suivre une formation. Sur le Structural Ability Test ou ISA Entry Test (d'une seule page) en annexe, ce niveau correspond aux caractéristiques suivantes :

- Première section du test (niveau 0-a) : quelques erreurs de pronoms personnels, cas possessif mal maîtrisé, oubli systématique ou fréquent du "s" à la troisième personne du présent simple.

- Deuxième section du test (niveau 0-b) : formes interrogatives et questions en "WH" mal construites (oubli de l'auxiliaire), absence de discernement entre forme simple et forme progressive, mauvais emplacement du second verbe d'une phrase, erreurs sur certaines verbes, panachage erroné entre "have/got" et "do/have".

- Troisième section du test (niveau 1) : erreurs sur la plupart des temps, confusion prétérit/present-perfect, confusion entre le futur et le conditionnel, concordances défectueuses, méconnaissance de la construction "vouloir que".

- Quatrième section (niveau 2) : phrases inintelligibles, incomplètes ou cumulant plusieurs erreurs dont certines typiques du niveau 1 (par exemple "before to play" au lieu de "before playing", "I'm arrived" au lieu de "I arrived", "I will can" ou "I could" au lieu de "I will be able to").

Toutes ces erreurs sont révélatrices d'une compétence structurale à reprendre intégralement, mais sur un rythme accéléré par rapport à un "débutant complet" ou même "re-débutant intégral". En termes de public, et bien que toutes les configurations individuelles soient possibles, ce niveau de départ correspond à la très grande majorité des élèves de seconde en filière classique, de terminale en filière professionnelle, ou d'adultes ayant accompli une scolarité complète plus ou moins éloignée.

Etant dans l'incapacité de s'exprimer de façon fiable et spontanée, le scolaire, l'étudiant ou l'adulte concerné par le niveau **1** a donc pour but d'acquérir les **compétences du collège**, et le module 1/1 est alors indispensable pour stabiliser définitivement les fondations de ce nouvel édifice, en commençant par le bagage structural de sixième augmenté du "question tag" ou "n'est-ce pas", ainsi que de la tournure infinitive de "vouloir que" ou "préférer que".

Le champ d'application lexical est celui de la famille et de la vie quotidienne chez soi (ou "chez l'habitant"), grâce à un vocabulaire de 286 mots, d'un volume double de ceux des modules suivants, s'agissant d'un premier palier de révision élémentaire. Ensuite se déroule la "traversée" logique déjà décrite en pages 4 et 5 du Rapport Saintélangues, et dont nous rappelons tous les éléments de sécurité et de progressivité sur la page suivante.

4 bis – Exemple du module 1/1 de Saintélangues

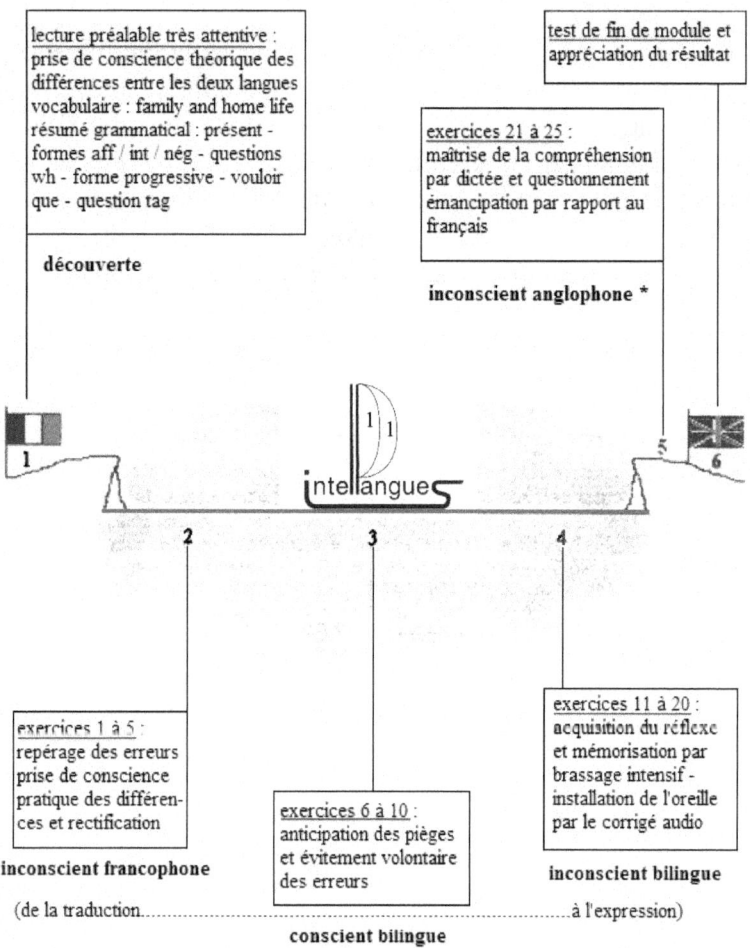

5 - L'encadrement pédagogique de Saintélangues

Les pages 57 et 58 exposent les conditions minimales requises pour une utilisation optimale de Saintélangues en milieu scolaire, compte tenu des contraintes inhérentes à ce cadre d'enseignement. Mais il faut souligner ici que le contexte habituel de l'ISA est celui d'une **consolidation ou d'une remise à niveau** appliquée aux publics **adulte, étudiant et lycéen** essentiellement, pour lesquels on peut d'ores et déjà garantir 80% de succès ainsi que la satisfaction généralisée des utilisateurs.

Dans le cadre de la **formation professionnelle continue**, et des stages ANPE (Pôle Emploi), AFPA, ou GRETA en particulier, cet outil est par définition **indispensable à tous**, puisque, assez logiquement, ceux qui parlent déjà l'anglais n'ont pas besoin de stage au sens intensif ou fondamental du terme.

Concernant les **étudiants et lycéens**, l'expérience de l'ISA est tout aussi révélatrice d'un **besoin systématique de consolidation** qu'il serait indispensable d'intégrer aux programmes, d'autant que la maturité et la capacité de concentration intellectuelle d'un élève de seconde sont déjà comparables à celles d'un adulte. De fait, les résultats de l'ISA auprès de ces jeunes publics sont en tout point aussi satisfaisants qu'auprès des adultes en formation continue, bien que malheureusement limités en rythme par le travail supplémentaire que cela représente face à un horaire scolaire et extra-scolaire déjà saturé. Intégrée aux cadres lycéen et post-bac, cette consolidation via Saintélangues permettrait aux jeunes de rééquilibrer leurs compétences linguistiques et de profiter pleinement des opportunités que procure un véritable bilinguisme pratique dans le contexte désormais incontournable des échanges européens et mondiaux, tant vis-à-vis des études que par rapport à l'emploi.

S'agissant des **collégiens**, et donc du cadre de la **formation initiale**, l'expérience de l'ISA nous paraît statistiquement insuffisante pour tirer des conclusions à la fois précises et généralisables, et il serait donc intéressant d'explorer ce public, avec toutefois quelques précautions supplémentaires. En effet, la maturité encore précaire des collégiens (plus encore que des collégiennes !) se traduit par une capacité de concentration et d'auto-discipline très variable d'une personne à l'autre, ce qui suggère une "surveillance pédagogique rapprochée" dont les autres publics n'ont pas nécessairement besoin.

Pourtant les compétences du niveau 0 de Saintélangues correspondent *stricto sensu* au bagage d'une classe de sixième, tandis que celles du niveau 1 sont entièrement incluses dans le programme du collège. C'est dire à quel point il est nécessaire de **sécuriser le "décollage"** de ces jeunes afin d'éviter la démotivation observable chez la plupart d'entre eux dès la cinquième ou la quatrième. Faut-il appliquer le niveau 0 de Saintélangues dès la sixième, ou le décaler en consolidation pendant la cinquième ? De même, est-il préférable d'imposer le niveau 1 de cette méthode en cinquième, en quatrième, ou vaut-il mieux attendre le lycée pour permettre alors une approche plus adulte ?... Pour répondre à de telles questions, les modules Saintélangues (y compris la possibilité très appréciée de compilation accélérée du niveau 0) sont l'outil d'exploration idéal pour la recherche appliquée, et les conclusions que pourra en tirer l'autorité pédagogique permettront sans nul doute d'ajuster au mieux les programmes ainsi que les modes d'évaluation correspondants, pour la satisfaction de tous les acteurs concernés.

5 bis – L'encadrement pédagogique de Saintélangues

Conditions minimales d'application

Rôle de l'enseignant Saintélangues en situation de TP :

- expliquer le mode d'emploi (cf. instructions) en s'assurant d'être bien compris.
- fixer le nombre d'exercices par semaine et le délai de réalisation du module (date du test).
- laisser chacun lire attentivement les explications et commencer le premier exercice.
- Vérifier au besoin la qualité de l'auto-correction et la compréhension des causes d'erreur.
- Répondre aux éventuelles questions de ceux qui pourraient avoir besoin d'aide.
- Evaluer la progression par le test de fin de module à traduire sans aide en 20 à 30 minutes.

En pratique, l'implication de l'enseignant est très facilement modulable en fonction du cadre, du public et du niveau concernés. Un débutant complet a plus besoin de se sentir "assistable" lors les 2 premiers exercices, et la surveillance du sérieux de chacun est plus essentielle envers des collégiens qu'envers des étudiants ou des adultes. En observant simplement les participants dès la première séance, l'encadrement de la formation s'ajuste spontanément dans une relation "one-to-one" entre enseignant et étudiant Saintélangues. Il suffit en fait de laisser chacun étudier en toute autonomie, dans un silence concentré, tout en évitant le laisser-aller et la distraction (risques propres au public des collégiens).

Rythme et dosage par rapport à un cours classique :

Le rythme de ces travaux pratiques doit être au minimum de 4 pages par semaine (soit un module en 6 semaines) pour produire un résultat durable de façon motivante. En cas de formation intensive (stages ANPE - Pôle Emploi par exemple) le rythme peut facilement atteindre un module en trois ou quatre jours (soit quatre à cinq heures par jour selon le cas).

Sur la base usuelle de trois heures d'anglais par semaine en milieu scolaire, il est nécessaire de consacrer au moins une heure par semaine (soit 1/3 du temps) aux TP Saintélangues, les exercices restants étant à faire chez soi ou en étude hors cours. (Pour les collégiens en niveau 0, la proportion requise peut aller jusqu'aux 2/3 du temps).

Respecter scrupuleusement la continuité des modules d'un niveau complet est indispensable, compte tenu de la construction de ce dernier en modules de révision, d'installation et de réactivation. (Seule exception éventuelle : une possibilité de compilation accélérée du niveau 0).

6 – Avantages collectifs de la bi-pédagogie

Les croquis de la page 61 permettent de mieux visualiser **l'apport sans précédent de la bi-pédagogie** qu'assure l'introduction régulière des travaux pratiques Saintélangues dans le programme scolaire. Le principe est d'ailleurs identique pour un étudiant post-bac ou un adulte en formation extensive ou intensive, avec la liberté de prévoir la pratique personnelle indifféremment chez soi ou en centre de formation, sans la présence indispensable ou permanente du formateur.

Au risque de paraître quelque peu caricatural, nous nous sommes concentrés ici sur les limites du **cours professoral classique** (réel ou simulé) pour mieux faire comprendre à quel point son association aux **travaux-pratiques Saintélangues** peut révolutionner les rapports pédagogiques pour aboutir à la synthèse idéale du **cours professoral interactif.**

Naturellement, les avantages collectifs profitent d'abord à chaque groupe ou classe dans son rapport avec l'enseignant, économisant le temps précieux du cours et l'énergie de tous les participants grâce à un contact pédagogique enfin équilibré. A cet effet, la bi-pédagogie de Saintélangues est susceptible de devenir l'**instrument primordial de la remotivation de tous les acteurs** (pour l'anglais qui nous concerne), tant il est vrai que l'essentiel du "malaise scolaire" semble intrinsèquement lié aux effets dévastateurs de l'échec majoritaire.

Lorsque l'écrasante majorité des élèves d'une classe dérive par rapport au cap du programme, la tonalité générale qui s'impose est foncièrement négative. Du côté de l'élève, cela se traduit par la perte de confiance en soi comme en son professeur, par la distraction des plus rêveurs, par l'indiscipline ou la violence des "fortes têtes", sans oublier le stress angoissant de ceux – et surtout celles – qui s'appliquent en vain à tout apprendre par cœur. L'impression générale est celle d'un peloton distancé dont les coureurs pédaleraient de plus en plus vite tout en faisant du surplace, faute de chaîne (ou d'enchaînement logique) sur leur pédalier.

Cette atmosphère agit comme un poison insidieux sur le moral de l'enseignant qui a de bonnes raisons de se sentir mal à l'aise ou démotivé compte tenu du temps et de l'énergie qu'il consacre à ses élèves, avec toutes les conséquences directes et indirectes que l'on observe quotidiennement à travers de nombreux témoignages médiatiques. Cette aigreur ambiante est facilement contagieuse et participe des révoltes périodiques du corps enseignant, dont le réflexe corporatif logique est de souhaiter plus de moyens matériels ou financiers, alors que la solution véritable du malaise réside avant tout dans l'établissement des conditions pédagogiques pratiques de **la réussite majoritaire** au sein de **la dualité enseignement-apprentissage**.

C'est là tout l'intérêt de Saintélangues et de son approche bi-pédagogique, véritable « autoroute » de communication pour un trafic intense impliquant activement **les trois-quarts d'une classe au minimum**, avec pour résultat l'inversion totale d'une image scolaire devenue positive, et l'assurance d'une réussite partagée.

6 bis– Avantages collectifs de la bi-pédagogie

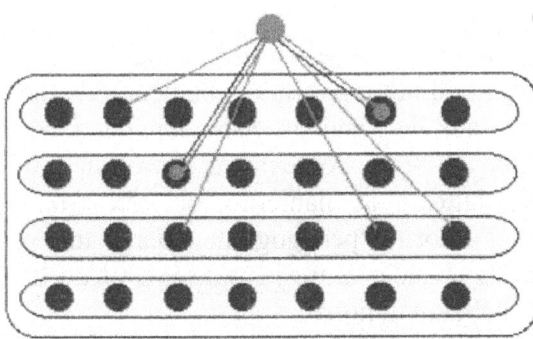

Cours professoral classique

installation - acquisition
application - développement
moteur unique : l'enseignant
public récepteur et dépendant
participation passive imitative
démotivation, indiscipline
distraction par la forme
faible densité de pratique
individu noyé dans le groupe
rythme et service uniformes

Approche bi-pédagogique

TPs Intellangues

installation - acquisition
groupe éclaté en individus
chacun devient autonome
contacts individuels intéractifs
auto-motivation et discipline
concentration sur le fond
explications personnalisées
haute densité de pratique

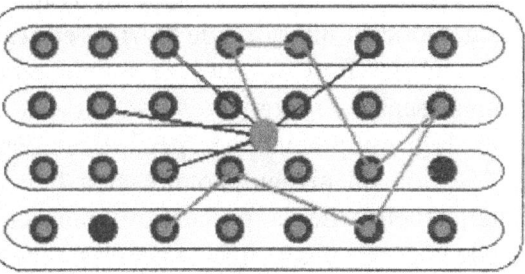

Cours professoral intéractif

application - développement
groupe attentif et motivé
communication équilibrée
compréhension active
créativité situationnelle
pair-work effectif et efficace
mémorisation facilitée
pratique orale plus intensive

7 - Avantages dérivés d'une application généralisée

Etant d'une part complémentaire – voire préalable – à toute méthode d'enseignement, et d'autre part intégralement axée sur les apprentissages fondamentaux de l'anglais, Saintélangues répond à un besoin généralisable à tout contexte d'éducation ou de formation scolaire ou adulte, à la manière d'un **dénominateur commun idéal** pour l'autorité pédagogique, dans un souci d'égalité républicaine des chances entre les citoyens et de bonne gestion économique à l'échelon national.

Saintélangues permet en effet d'établir une véritable base d'acquis linguistiques actifs indépendants du contexte local de l'enseignant ou de sa méthode de cours professoral, offrant ainsi les garanties d'une sorte de "**SMIC éducatif**" sans lequel la grande majorité des francophones ne saurait durablement transformer les connaissances en compétences. Sur des années de généralisation, une telle approche ne peut que contribuer sensiblement à l'élévation du niveau scolaire et à l'accroissement des capacités intellectuelles de la population, sans compter ses effets induits évidents sur la compétitivité professionnelle et internationale.

De façon plus certaine encore, l'usage systématique d'une telle solution autorisera enfin des économies considérables sur les budgets de formation publics ou privés souvent vainement engloutis dans le soutien scolaire, la remise à niveau des étudiants ou la formation continue des adultes, libérant d'autant les moyens correspondants pour d'autres priorités ou pour une spécialisation professionnelle devenue alors pleinement opérationnelle.

Tel est l'enjeu de notre proposition, dans le but explicite de faire passer à terme **de 10 à plus de 70%** la proportion de français capables de **s'exprimer en anglais** de façon fiable et durable, sur la base des compétences décrites par les tests présentés en annexe.

Reste à chaque autorité pédagogique responsable l'occasion unique de promouvoir un progrès sans précédent pour secourir efficacement tous ceux qui sont en danger d'échec scolaire ou professionnel vis-à-vis de l'anglais.

7 bis– Avantages dérivés d'une application généralisée

- <u>Utilité permanente et multiple</u> : initiation – consolidation parallèle – consolidation différée – remise à niveau accélérée – perfectionnement – entretien.
- <u>Intérêt national</u> : outil durable d'acquisition et d'évaluation de compétences minimales et dénominateur commun complémentaire (ou préalable) à toute méthode pour tout public.
- <u>Effets annexes individuels ou collectifs</u> : éveil intellectuel (sens de l'observation et puissance de concentration) – réussite scolaire et professionnelle – compétitivité internationale – économies spectaculaires de temps et d'argent sur cours de soutien scolaire et formation professionnelle continue – amélioration du français et de l'orthographe – acquisition facilitée d'autres langues étrangères.

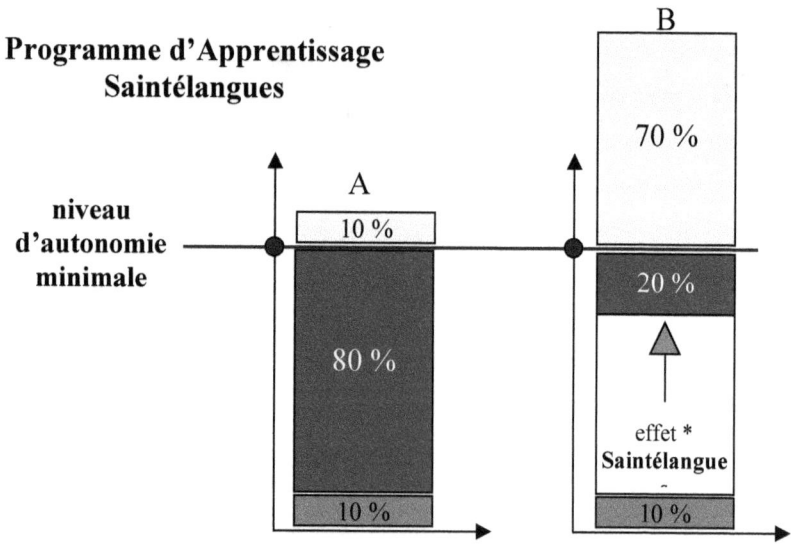

* Effet assuré dans ces proportions sur public lycéen, étudiant ou adulte, sous réserve du respect des conditions minimales d'application ainsi que des instructions Saintélangues. Effet à vérifier en ce qui concerne le public collégien, faute de données statistiques et d'expérience suffisantes dans le cadre de l'ISA.

Pour information, les modules Saintélangues pourront désormais être achetés sur Amazon.fr au fur et à mesure de leur transfert sur le site.

8 - Questions usuelles et réponses Saintélangues

Les séjours à l'étranger sont-ils une solution ?

Oui, sous certaines conditions hélas rarissimes ! L'idéal est le séjour permanent ou prolongé sur plusieurs mois au minimum, en étant «le seul francophone du lieu», intensément sollicité à parler, et corrigé par les «native speakers». C'est loin d'être le cas pour les brèves *summer schools* de collégiens ou lycéens trop souvent regroupés entre étrangers et logés à plusieurs dans des familles-hôtels dont la priorité est avant tout financière ! Cela suppose surtout un niveau minimal pour en profiter sans risque ni difficulté, car si votre prononciation est passable, les anglophones vous comprendront sans jamais vous corriger, ce qui transforme les erreurs les plus lourdes en mauvais réflexes. Il faut comprendre les anglais : c'est comme si un anglophone en séjour en France vous disait (en imitant un accent anglais) «J'ai parti à Lyon et je suis travaillé pour quatre jours. » Cela suffit pour qu'un Français comprenne l'essentiel, mais il serait bien en peine d'expliquer ces erreurs, à moins d'en avoir le temps et de maîtriser suffisamment les deux langues... D'où le *broken English* par défaut, dont il ne faut plus se contenter. Un séjour à l'étranger est donc idéal en complément ou finition d'apprentissage, en particulier pour perfectionner la compréhension, la prononciation et la maîtrise des expressions idiomatiques en situation, mais cela reste le plus souvent inopérant pour installer des bases solides. D'où l'intérêt d'une autoformation, comme l'autorise l'approche Saintélangues avant tout séjour, stage ou travail à l'étranger, afin d'y être opérationnel dès son arrivée.

A quelle condition le soutien scolaire est-il profitable ?

Le soutien scolaire ou parascolaire, sous forme de minigroupe ou de cours particulier à domicile, coûte très cher aux parents d'élèves pour un résultat plutôt paradoxal, puisque le plus souvent les notes de l'élève s'améliorent sans que son niveau réel évolue ! Cela est dû au fait que l'approche pédagogique est strictement identique à celle du collège ou du lycée, le formateur faisant simplement office de répétiteur sur la base même du livre de l'élève. Cette prise en charge a donc surtout un effet psychologique de re-motivation et de bachotage du test à venir, ce qui sauve l'apparence des notes et bluffe à grands frais de trop nombreux parents. Malheureusement, cela ne complète en rien les faiblesses des méthodes « académiques » quant à la structure d'expression qui paralyse toujours neuf adolescents sur dix (il suffit de tester <u>activement</u> le programme déjà oublié des semaines précédentes pour s'en rendre compte !). Plutôt que de se ruiner à prendre des cours particuliers, avec tous les aléas que cela implique, il est plus motivant de tout comprendre par soi-même, à condition de s'activer via l'auto-apprentissage bilingue et sécurisé qui fait l'exclusivité de l'approche Saintélangues. Car à la différence du savoir appris par cœur, le <u>savoir-faire</u> ne s'oublie pas.

Y a-t-il une limite d'âge pour apprendre l'anglais ?

Il n'y a aucune limite d'âge particulière pour apprendre – ou réapprendre – l'anglais, à condition de suivre une méthode compatible avec une approche adulte. L'intuition primaire de la petite enfance est en fait déjà très largement perdue dès le début du collège, et fait place à une secondarité qui se développe avec l'âge et impose plus de clarté, de logique et d'intensité dans l'apprentissage, ce qui est tout le portrait du processus Saintélangues. Apprendre une langue indispensable comme l'anglais est même hautement recommandé aux retraités ou seniors, non seulement pour voyager à l'étranger ou « surfer » sur Internet, mais aussi en tant que moyen idéal de maintenir le cerveau en forme pour se prémunir de la maladie d'Alzheimer. La seule vraie difficulté peut parfois concerner la compréhension audio et la prononciation, uniquement chez les très rares personnes qui n'ont jamais eu l'occasion de prononcer la moindre phrase anglaise, même dans un passé très lointain. L'oreille a en effet tendance à s'appauvrir organiquement avec le temps, ce qui rend plus difficile de découvrir les subtilités phonétiques de l'anglais à un âge avancé. D'où l'intérêt des enregistrements inclus dans chaque Pack Saintélangues.

Quel est l'intérêt de l'anglais pour les jeunes enfants ?

Il est logiquement souhaitable de s'initier à l'anglais le plus tôt possible, mais il ne faut pas rêver pour autant. Jusqu'à l'âge du collège, un enfant montre d'incroyables facilités en termes de mémorisation, d'imitation et de prononciation, car son mental est essentiellement primaire et intuitif. L'approche orale façon « langue maternelle » est donc à cet âge la solution idéale, mais à condition d'être à l'étranger ou de passer au moins la moitié de son temps quotidien à pratiquer la nouvelle langue, ce qui est malheureusement exceptionnel. C'est la chance des enfants dont l'un des parents est anglophone, dont la famille est en mission à l'étranger, ou de ceux qui fréquentent une des rarissimes écoles réellement bilingues. Dans tous les autres cas, la pratique précoce de l'anglais apporte seulement quelques connaissances de phrases types ou de vocabulaire comme les couleurs et les nombres, sans offrir un dosage suffisant pour installer une quelconque compétence active et autonome. Le double intérêt de ces animations est d'une part audio-oral, à travers l'occasion d'entendre et de prononcer plus facilement cette langue phonétiquement très complexe, et d'autre part récréatif, par la préparation motivante d'un éventuel spectacle de fin d'année qui ne doit pas tromper pour autant les parents attendris. Après tout, on peut aussi bien développer ses aptitudes auditives et vocales par le chant et la musique !

Pourquoi reconnaît-on les mots sans comprendre les phrases ?

C'est le résultat paradoxal d'un apprentissage incomplet sur l'essentiel. A force d'avoir écouté et souvent répété pendant des années l'anglais du « prof » et les enregistrements de sa méthode audio-orale, sans oublier les maintes occasions d'entendre des accents variés à la télévision, sur Internet ou en voyage, presque tous les francophones ont de fait exercé « l'oreille » vis-à-vis de l'anglais, ainsi que la prononciation qui en découle, au point de reconnaître assez facilement les mots clés d'une phrase simple et courte. Mais, faute d'avoir installé activement la structure de la phrase pour les raisons démontrées précédemment, le sens grammatical leur échappe sitôt que le message s'allonge ou s'accélère. La compréhension reste dès lors confinée à l'échelon du mot et oblige à deviner l'ensemble de la phrase de façon inconfortable ou aléatoire. Or, c'est la compétence grammaticale qui permet de multiplier les sens possibles d'un même vocabulaire quotidien (au demeurant assez limité), et ce, grâce au verbe qui précise le contexte de chaque phrase à travers son temps, sa forme, ou sa modulation. Lorsqu'on s'approprie par construction (et non pas « par cœur ») le moteur d'expression de l'anglais grâce à une autoformation de type Saintélangues, on possède alors toutes les clés de la phrase, permettant par exemple d'exprimer jusqu'à cent-vingt-huit situations pratiques différentes avec le simple verbe « téléphoner », ce qui rend d'autant plus facile de les comprendre en retour !

Comment maîtriser plus de vocabulaire ?

L'impression de manquer de vocabulaire est à la fois trompeuse et révélatrice. En testant la compréhension par écoute ou lecture, on s'aperçoit que la plupart des gens connaissent beaucoup de mots ou d'expressions, mais sans pouvoir les utiliser personnellement. Il est certes normal de comprendre toujours plus de mots qu'on en utilise (même dans sa langue maternelle), mais pas au point de ne pas pouvoir s'exprimer usuellement ! C'est là toute la différence entre le vocabulaire « passif », facile à reconnaître à chaque occasion comme simple connaissance, et le vocabulaire « actif », qui suppose la compétence. La paralysie ressentie tient donc au fait que le savoir-faire grammatical est inexistant ou trop incertain, par manque de pratique organisée et constructive. Apprendre des liste de mots par cœur est sans effet, car il s'agit alors de blocs mémoriels aussi inertes un dictionnaire, dont le cerveau moteur ne peut rien faire, préférant oublier aussitôt en ne conservant que « l'empreinte réceptive » de ces mots. La mémorisation systématique de vocabulaire en liste ou en phrases toutes faites revient à réduire l'intelligence à la mémoire et l'individu à un perroquet ! A l'inverse, le vocabulaire actif ne s'acquiert qu'en composant des phrases, en respectant totalement le processus mental de l'expression, et ce, de façon suffisamment progressive et intensive pour atteindre le réflexe, ce qui constitue la spécificité de l'approche Saintélangues.

Anglais écrit ou anglais parlé ?

Le but de toute personne désireuse d'apprendre l'anglais est très logiquement de le parler en situation orale de dialogue authentique et quotidien. L'anglais écrit, c'est-à-dire de style écrit, journalistique ou littéraire, est ici totalement hors de propos, n'intéressant de fait que les spécialistes déjà bilingues. Mais la recherche de l'ISA et la découverte de Saintélangues réhabilitent étrangement l'écrit, sur la base d'un vocabulaire oral et quotidien, en tant que seule façon de travailler en autonomie totale et de maximiser la concentration. Après tout, que l'on dialogue oralement ou que l'on écrive un courriel, c'est toujours le cerveau qui parle selon les mêmes règles de base. C'est pourquoi la pratique écrite d'un anglais de style oral et quotidien constitue le moyen le plus efficace d'atteindre le réflexe oral, via la réflexion bilingue et temporaire. Le fait d'écrire et de construire maximise en effet la concentration (alors même que l'animation orale a plutôt tendance à distraire), et permet en plus de mémoriser très facilement les mots en les photographiant malgré soi au fil de l'orthographe. Puisqu'il faut suractiver la pratique individuelle pour compenser le manque d'intuition de neuf « apprenants » sur dix, l'effet booster des modules Saintélangues procure précisément une densité de brassage incomparable à toute autre méthode, au point de ne plus avoir besoin de recourir au « par cœur ».

Finalement, à qui s'adresse cette solution ?

A seulement 90 % des Français ! En premier lieu aux adultes, particuliers ou professionnels, afin de se doter du vocabulaire pratique et des compétences optimales pour travailler, voyager, communiquer sur Internet, ou simplement entretenir et développer ses capacités intellectuelles pratiques. Mais aussi aux étudiants, dans l'optique des diplômes ou concours, des études et stages à l'étranger et du premier emploi, pour l'obtention duquel l'anglais fait désormais toute la différence. Enfin, naturellement, aux lycéens et collégiens, pour compléter le plus tôt possible une pédagogie académique gravement défaillante. De fait, chaque famille devrait idéalement se procurer la collection des trois niveaux principaux d'autoformation Saintélanges, tant le besoin d'anglais concerne aujourd'hui toutes les générations confondues.

Par voie de conséquence, ce nouvel outil intéresse aussi tous les décideurs et responsables pédagogiques en matière de formation étudiante, adulte et professionnelle, qui pourront ainsi « octupler » l'efficacité des cours ou des stages et économiser à terme des centaines d'heures de formation, tout en permettant à leurs étudiants, stagiaires, ou employés, d'être enfin aptes à bien s'exprimer en anglais.

B.G.

ANNEXES

Les pages suivantes reproduisent par scanner l'enquête statistique originale du Structural Ability Test de l'ISA, dont les conclusions ont été ultérieurement confirmées sur plus de 10.000 tests identiques réalisés dans le cadre de l'Institut Stéphanois d'Anglais, mais aussi à l'ISEAG de l'Université Jean Monnet de Saint-Etienne, ainsi qu'à l'ISTP, école d'ingénieurs associée à l'Ecole des Mines de Saint-Etienne, toujours dans le cadre des enseignements de l'auteur.

En cas de besoin, l'auteur tient à la disposition de toute structure privée ou publique les très nombreux tests et questionnaires qualitatifs révélant la satisfaction de la quasi totalité des étudiants et adultes vis-à-vis de cet outil d'apprentissage, les centaines de témoignages de soutien qui ont accompagné la démarche de l'ISA auprès du Ministère de l'Education Nationale, ainsi que les résultats détaillés obtenus par l'ISA lors de la mise en place et du suivi de cette méthode.

STRUCTURAL ABILITY TEST

TEST DE COMPETENCES STRUCTURALES

pratiqué fin 90-début 91 sur 753 élèves, dont 679 collégiens et lycéens de la quatrième à la terminale dans le but d'évaluer leur maîtrise des principales structures de l'anglais courant.

Objet et limites du test :

Depuis plusieurs années l'I.S.A utilise la traduction de phrases simples de style oral comme moyen d'évaluation, que ce soit pour déterminer un niveau, ou pour suivre son évolution au cours d'un stage. Les "paliers structuraux" que nous avons définis permettent de vérifier la qualité et la fiabilité de la "structure mentale" de l'étudiant, c'est-à-dire son aptitude à composer un message précis. De cette fiabilité dépendent la solidité du résultat à long terme et la rapidité du réflexe oral.

Il ne s'agit pas de "traduction" mais de bilinguisme élémentaire et pratique, en tout cas pour celui qui a effectivement acquis un niveau donné de compétence. Cela dit, la maîtrise orale d'une langue suppose trois compétences distinctes :

- la compréhension, ou capacité de percevoir et de décoder un message venant des autres.
- la composition mentale d'un message personnel afin de communiquer sa réaction.
- l'expression orale de ce message, en respectant la prononciation, l'accentuation et l'intonation.

Notre test ne concerne que la deuxième de ces trois compétences. Or depuis plusieurs années, nous avons pu remarquer que ceux qui savent parler anglais maîtrisent tous cette compétence, alors même que l'inverse n'est pas toujours vrai. Il faut en conclure que la structure mentale, en tant que réflexe grammatical, est une condition nécessaire (bien que non suffisante) pour la maîtrise orale, réelle et durable d'un niveau donné d'anglais.

Bernard Garde

Critères de correction :

Les fautes de structure (ou grammaticales) concernent :
- la forme ou le temps du verbe (conjugaison, auxiliaire)
- l'ordre des mots dans la phrase
- les pronoms personnels et adjectifs possessifs
- les postpositions, les mots de liaison, le pluriel ou le singulier, les WH
- les défectifs ou modaux, ainsi que for, since et ago.

Les fautes sur les expressions telles que "as soon as", before, after, again, every, each, last, font partie du vocabulaire. Les fautes concernant des expressions plus directement imbriquées dans la structure sont considérées comme grammaticales (not yet, often, already, never).

- Les fautes d'orthographe ne sont pas prises en compte, (sauf lorsqu'elles rendent le mot méconnaissable).
- Les phrases incomplètes ou inexistantes sont équivalentes au minimum d'erreur, soit 1s + 1v (une faute de structure, une faute de vocabulaire).
- Il peut y avoir double faute de structure, par exemple lorsque l'élève utilise à tort un temps composé et fait une erreur de plus sur l'auxiliaire ou sur le verbe.
- Quand le contexte est ambigu, plusieurs solutions sont possibles et considérées justes.

Toutes les archives peuvent être consultées à la bibliothèque de l'I.S.A., 72-C, Rue Bergson, 42 000 Saint-Etienne. (Tél : 77.93.39.52)

Répartition des tests

1) En milieu scolaire :

- Tests portant sur 501 collégiens ou lycéens
- Soit 18 classes d'un effectif moyen de 27,8 élèves
- Dont 3 classes de 4e, 2 classes de 3e, 5 classes de 2de, 5 classes de 1ère et 3 terminales.
- Evaluation réalisée entre novembre 1990 et février 1991 dans 4 établissements scolaires.
- Les 28.110 phrases de l'ensemble des tests ont été corrigées par un seul correcteur afin d'éviter toute variation de critère.

2) Hors-école :

- 178 élèves testés en milieu familial, par l'intermédiaire des étudiants de l'I.S.A., dont 57 élèves de 4e/3e, 34 élèves de 2de et 87 élèves de 1ère/terminale.
- Les 74 autres tests concernent des étudiants du supérieur, uniquement testés en milieu familial.
- Une classe supplémentaire de 1ère d'adaptation après B.E.P. n'a pas été retenue comme faisant partie de la filière "normale" du baccalauréat.

1 Evolution des principales compétences structurales de la quatrième à la terminale.

679 élèves testés dont 501 en milieu scolaire et 178 hors école.
% en gras = milieu scolaire uniquement   % entre () = milieu scolaire + hors école.
(Fautes de structure uniquement)

SECTION A:
Programme de 6e :
- présent simple
- forme affirmative
- pronoms personnels
- cas possessif et adj. possessifs.

SECTION B:
Programme de 6e :
- présent simple
- forme progressive
- forme interrogative
- forme négative
- questions en WH.

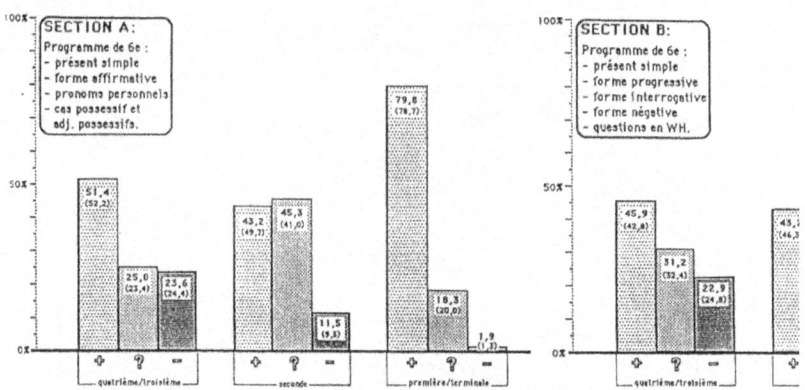

 SATISFAISANT

Moins de 5 fautes de structure sur les dix phrases de la colonne. Compétence structurale satisfaisante. Fautes légères et occasionnelles, fiabilité suffisante pour une utilisation orale réflexe. L'installation mentale est durable. L'élève se rend compte de ses erreurs et peut s'autocorriger facilement.

? INCERTAIN

Entre 5 et 10 fautes de structure. Compétence structurale trop incertaine. Constructions aléatoires, fautes graves, créativité laborieuse. Spontanéité orale impossible sans erreurs sérieuses et fréquentes. Installation mentale insuffisante pour que le résultat soit durable et autonome. Autocorrection rare et hésitante.

▭ INSUFFISANT

Plus de 10 fautes de structure. Niveau inaccessible dans la pratique orale ou écrite. Difficultés paralysantes, créativité et autonomie impossibles. Les "pannes totales" rendent les phrases inintelligibles ou incomplètes. (surtout entre 15 et 25 fautes). Confusions systématiques et autocorrection impossible.

SECTION D:
Programme de 4e/3e :
- can, may, must
- for, since, ago
- should / should have
- plu-perfect
- (exclamatif)

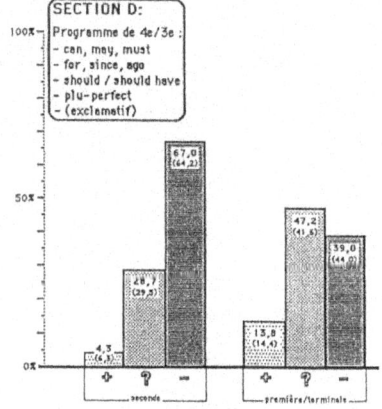

(La section D ne concerne pas les élèves de 4e/3e)

Analyse de la colonne C (programme de 5°/4°) sur 305 élèves de première et terminale

nombre de phrases intactes	Proportion d'élèves par nombre de phrases intactes										(structure & vocabulaire)
	0	1	2	3	4	5	6	7	8	9	10
% d'élèves	9,5	11,5	17,7	16,1	16,1	8,8	9,5	7,5	3,0	0,3	0,0

70,9%

SECTION C:
Programme de 5e/4e :
- prétérit
- futur
- présent-perfect
- conditionnel
- usage de "to want"

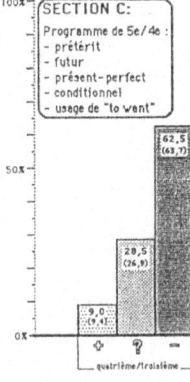

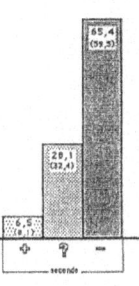

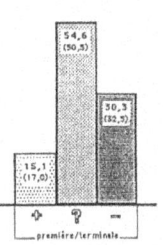

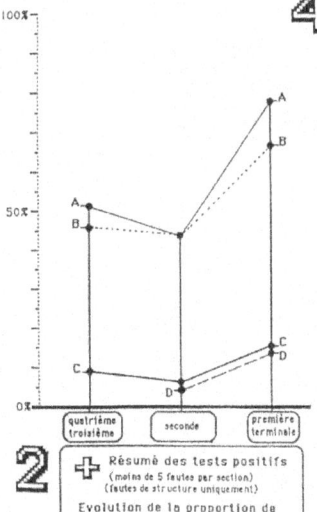

Analyse de la colonne C (programme de 5°/4°) sur 305 élèves de première et terminale.

structure et vocabulaire : proportion d'élèves par nombre de fautes (en %)

Phrases section C:	zéro	une	deux	trois	quatre
Je savais qu'il allait souvent à Londres.	34,4	36,1	20,6	7,2	1,7
A quelle heure nous téléphonera-t-elle ?	55,7	27,2	14,1	3,0	0,0
Linda n'a pas encore rencontré ta soeur.	30,8	31,5	26,2	11,2	0,3
Je le verrai dès qu'il reviendra de Paris.	13,8	29,5	28,9	18,3	9,5
Leurs parents ne nous ont jamais invités.	50,1	31,8	13,8	3,0	1,3
Vivrais-tu avec lui si son père était ici ?	48,2	37,4	10,5	2,9	1,0
Je n'arriverai pas à Leeds avant 17h.	4,9	22,9	47,5	18,4	6,3
Qu'ont-ils fait à Hull jeudi dernier ?	23,6	39,7	25,6	10,5	0,6
Elle serait ici si elle avait notre adresse.	48,5	35,4	13,5	2,3	0,3
Je voulais qu'il travaille avec les Parker.	27,2	32,5	30,5	9,8	0,0

Résumé des tests positifs
(moins de 5 fautes par section)
(fautes de structure uniquement)
Evolution de la proportion de succès par section et par classe

77

Le Test :

Section A
Jane vit avec l'ami de mon frère.
Jane lives with my brother's friend.
(Jane is living with my brother's friend)
Notre soeur est à Cork avec ses amis.
Our sister is in Cork with her friends.
Votre mère sait que nous l'aimons.
Your mother knows (that) we like her.
Elle veut avoir leur nouvelle adresse.
She wants to have their new address.
Le père de Jack aime ta voiture.
Jack's father likes (loves) your car.
Tu le connais parce qu'il vit avec moi.
You know him because he lives with me.
(...because he's living with me).
Ils veulent travailler ici avec toi.
They want to work here with you.
Je sais que l'ami de John a trois enfants.
I know (that) John's friend has 3 children.
(...John's friend's got 3 children).
Jack sait que son frère est avec nous.
Jack knows (that) his brother is with us.
Il les aime parce qu'ils sont Anglais.
He likes (loves) them because they are English.

Section B
Est-ce qu'il va à Paris chaque semaine ?
Does he go to Paris every week ?
Notre ami ne vient pas cet après-midi.
Our friend isn't coming this afternoon.
Quand veux-tu leur téléphoner ?
When do you want to phone them ?
Pourquoi veulent-ils aller à Hull ?
Why do they want to go to Hull ?
Mme Norton ne sait pas où est Jim.
Mrs Norton doesn't know where Jim is.
Combien d'enfants ont-ils ?
How many children do they have ?
How many children have they got ?
Est-ce que James a sa nouvelle voiture ?
Does James have his new car ?
Has James got his new car ?
Que faites-vous dans cette maison ?
What are you doing in this house ?
(What do you do in this house ?)
Nous attendons nos parents.
We are waiting for our parents.
Comment sait-il que je n'aime pas Bill ?
How does he know (that) I don't like (love) Bill ?

section du test	⊕ (- de 5 f.)	? (de 5 à 10 f.)	⊖ (+ de 10 f.)
section D	17,6%	39,2%	43,2%
section C	35,1%	41,9%	23,0%
section B	79,7%	17,6%	2,7%
section A	90,5%	8,1%	1,4%

Evaluation complémentaire sur 74 étudiants du Supérieur.*
testés par l'intermédiaire des adultes de l'I.S.A.

*(Fautes de structure uniquement)

Section C
Je savais qu'il allait souvent à Londres.
I knew he often went to London.
A quelle heure nous téléphonera-t-elle ?
(At) What time will she phone us ?
Linda n'a pas encore rencontré ta soeur.
Linda hasn't met your sister yet.
Linda still hasn't met your sister.
Je le verrai dès qu'il reviendra de Paris.
I'll see him as soon as he comes back from Paris.
Leurs parents ne nous ont jamais invités.
Their parents have never invited us.
(Their parents never invited us).
Vivrais-tu avec lui si son père était ici ?
Would you live with him if his father was here?
(....if his father were here)
Je n'arriverai pas à Leeds avant 17 h.
I won't arrive in Leeds before 5 p.m.
Qu'ont-ils fait à Hull jeudi dernier ?
What did they do in Hull last Thursday ?
Elle serait ici si elle avait notre adresse.
She would be here if she had our address.
Je voulais qu'il travaille avec les Parker.
I wanted him to work with the Parkers.

Section D
Cela fait trois heures que nous les cherchons.
We've been looking for them for three hours.
Depuis combien de temps est-il à Paris ?
How long has he been in Paris ?
Tu devrais lui dire qu'elle doit rester ici.
You should tell her (him) she must stay here.
Il pourra voyager à nouveau après Noël.
He'll be able to travel again after Christmas.
Combien a-t-il dû payer avant de jouer ?
How much did he have to pay before playing ?
Je n'ai pas vu Sue depuis janvier dernier.
I haven't seen Sue since last January.
Ton frère ne devrait pas fumer autant !
Your brother shouldn't smoke so much !
Ta soeur aurait dû nous inviter avec eux.
Your sister should have invited us with them.
Ils avaient déjà fini quand je suis arrivé.
They had already finished when I arrived.
Colin a trouvé ce travail il y a deux mois.
Colin found this job two months ago.

En d'autres termes...

Graphique 1 Section A:
- en 4e/3e, seulement un élève sur deux possède assez solidement le présent simple affirmatif et les pronoms personnels (bagage qui ne constitue qu'une petite partie du programme de 6e).
- une régression temporaire semble même visible au niveau des secondes. Cela peut être dû à un élargissement excessif des découvertes du programme par rapport à la solidité encore trop précaire des bases de la sixième.
- heureusement, l'essentiel semble acquis pour 80% des élèves de première ou terminale, et la proportion d'échec est nettement réduite. (Mais il ne faut pas oublier qu'il s'agit déjà d'une "élite", après sélection et orientation des plus faibles en troisième et seconde!)

Section B :
- le programme complet de 6e, en y ajoutant cette fois-ci les formes interrogative, négative, progressive, et les questions usuelles en "qui, où, quand, comment, pourquoi, combien..." n'est maîtrisé que par 46% des 4e/3e, 43% des secondes, et 67% des premières/terminales. S'agissant des découvertes élémentaires de la 6e, cette constatation est pour le moins choquante, puisqu'elle revient à dire que la plupart des élèves de 1ère/terminale ont besoin des 5 à 6 années qui les séparent de la sixième pour en absorber le programme (avec tout de même plus de 30% de cas de fixation insuffisante!).

Section C :
- nous en arrivons avec la section C au coeur du problème de l'échec scolaire généralisé. Du seul fait des fragilités déjà remarquées dans les deux graphiques précédents, les pourcentages de réussite plongent littéralement pour ne révéler que 9% de cas satisfaisants en 4e/3e, 6,5% en seconde, et péniblement 15% en première/terminale. A noter tout de même une évolution tardive, puisque les "insuffisants", lourdement majoritaires en 4e/3e et en seconde, se font moins nombreux que les "incertains" au niveau des premières et terminales.
- ce niveau de difficulté n'est pourtant que le programme élémentaire de la 4e, et le décalage des proportions de réussites entre la section B et la section C n'en est que plus déconcertant, comme le résume bien le graphique 2 (la hauteur qui sépare la courbe C des courbes A et B du programme de 6e)

Section D :
- après les découvertes précédentes, il n'est pas étonnant de voir que la proportion d'échec est en tout point comparable à celle du graphique précédent, ce qui suggère que seu!s les élèves qui ont eu la chance de "fixer" solidement les programmes B et C peuvent également assimiler les casse-têtes de l'angliciste que sont "can, may, must", et "for, since, ago" (cf. le parallélisme entre les courbes C et D du graphique 2). Pourtant, ces choses là sont découvertes et largement utilisées dès la 4e !

Tableaux 3 et 4 :
- le coeur du problème étant dans cette proportion d'échec vis-à-vis du programme de 5e, (prétérit, futur, présent-perfect, conditionnel), il nous a paru intéressant de détailler cette section pour les seuls élèves de première/terminale.
- 70% d'entre eux font des fautes graves plus d'une fois sur deux, ce qui ne peut en aucun cas leur permettre de parler de façon satisfaisante dans des situations courantes impliquant les temps les plus usuels de la langue. Ils n'ont le choix qu'entre la paralysie verbale par hésitation, ou la faute systématique par manque de réflexion. Réfléchir et faire juste, ou parler et se tromper. Avec en prime, la garantie d'un oubli rapide sitôt les études terminées.
- le tableau 4, quant à lui, permet de réaliser que ces phrases bien que brèves, anodines, et pour tout dire, utiles, sont trop souvent la source de plusieurs erreurs en l'espace de quatre ou cinq mots!

Tableau 5 :
- ce tableau annexe ne porte que sur un faible nombre d'étudiants uniquement testés par l'intermédiaire des stagiaires de l'I.S.A., ce qui explique probablement leur meilleur score pour la section C. Il faudrait organiser pour le supérieur des tests aussi nombreux que ceux qui viennent d'être réalisés dans le secondaire pour travailler sur un échantillon suffisamment représentatif et obtenir des statistiques dignes de quelque généralisation.

ISA - Entry test   NOM_____Prénom_____

Jane vit avec l'ami de mon frère.	Notre soeur est à Cork avec ses amis
Votre mère sait que nous l'aimons.	Elle veut avoir leur nouvelle adresse.
Le père de Jack aime ta voiture.	Tu le connais parce qu'il vit avec moi.
Ils veulent travailler ici avec toi.	Je sais que l'ami de John a trois enfants.
Jack sait que son frère est avec nous.	Il les aime parce qu'ils sont anglais.
Est-ce qu'il va à Paris chaque semaine ?	Notre ami ne vient pas cet après-midi.
Quand veux-tu leur téléphoner ?	Pourquoi veulent-ils aller à new-York ?
Mme Norton ne sait pas où est Jim.	Combien d'enfants ont-ils ?
Est-ce que James a sa nouvelle voiture ?	Que faites-vous ce matin ?
Nous attendons nos parents.	Comment sait-il que je n'aime pas Bill ?
Je savais qu'il allait souvent à Londres.	A quelle heure nous téléphonera-t-elle ?
Kate n'a pas encore rencontré ta soeur.	Je le verrai dès qu'il reviendra de Paris.
Leurs parents ne nous ont jamais invités.	Vivrais-tu avec lui si son père était ici ?
Je n'arriverai pas à Leeds avant 17h.	Qu'ont-ils fait à Glasgow jeudi dernier ?
Elle serait ici si elle avait notre adresse.	Je voulais qu'il travaille avec les Parker.
Cela fait 3 heures que nous les cherchons.	Depuis combien de temps est-il à Paris ?
Tu devrais lui dire qu'elle doit rester ici.	Il pourra voyager à nouveau après Noël.
Combien a-t-il dû payer avant de jouer ?	Je n'ai pas vu Sue depuis janvier dernier.
Ton frère ne devrait pas fumer autant !	Ta soeur aurait dû nous inviter avec eux.
Ils avaient déjà fini quand je suis arrivé.	Colin a trouvé ce travail il y a deux mois.

nom_____prénom_____*Test Développé*

Traduire en anglais sous chaque ligne:

Je les connais. Ils nous connaissent. Nous la connaissons.

Ils sont nos amis. Elle a la voiture de son fils. Il préfère la maison de Bob.

Je veux les rencontrer. Nous travaillons ensemble. Elle sait que je suis ici.

Il préfère ma voiture. Tu connais leur fils. Nous sommes ici avec vos amis.

Je cherche Karen. Nous les attendons. Je vais à Liverpool ce matin.

Nous invitons les Parker. Il attend sa soeur. Jim travaille avec elle ce matin.

Est-il avec eux ? Connais-tu Barbara ? Veux-tu vivre ici ?

Est-ce qu'ils sont ici ? Travaille-t-il avec eux ? As-tu ta voiture ?

Je ne les connais pas. Pat ne veut pas travailler ici. Elle n'a pas sa voiture.

Ils ne sont pas ici. Nous ne travaillons pas ensemble. Elle n'est pas anglaise.

Que veux-tu faire ? Comment la connais-tu ? Pourquoi es-tu ici ?

Quelle voiture préfères-tu ? Qui préfères-tu inviter ? Où habite-t-il ?

Pour qui sont ces lettres ? Avec qui dois-tu travailler ? Je sais où sont les enfants.

Bob ne sait pas où est Jim. Qu'attendez-vous ? Sais-tu où travaille ton fils ?

Elle veut que je travaille ici. Je ne veux pas qu'il téléphone. Je préfère qu'il attende ici.

Que veux-tu que je fasse ? Où préférez-vous que je travaille ? Il attend que je téléphone.

Je les inviterai quand j'aurai leur adresse. Où travaillera-t-il ? Nous n'irons pas à Cork.

Combien devras-tu payer ? Je pourrai venir dès qu'ils seront ici. Qui rencontreras-tu ?

Ils vivaient ensemble à Londres. Qu'as-tu fait hier matin ? Je cherchais ma soeur.

Avaient-ils une maison ? Quand as-tu téléphoné ? Je ne voulais pas travailler avec lui.

J'ai déjà invité Kate. Ils ont toujours été nos amis. As-tu déjà rencontré M. Fox ?

Il n'a jamais voulu rencontrer Bill. Avez-vous invité James ? Je n'ai jamais eu de voiture.

J'aurais une voiture si j'habitais ici. Irait-elle à Paris sans toi ? Qu'aimerais-tu faire ?

Il préférerait venir à 14h. Je vivrais à Madrid si j'étais riche. Où pourrais-je téléphoner ?

J'avais déjà fini mon travail. Qu'avaient-ils répondu ? Où avait-elle mis la clé ?

Il n'était pas encore parti. Je n'avais jamais visité Paris. Pourquoi avait-il téléphoné ?

Le livre était écrit en espagnol. Quand seras-tu invité ? Le bureau devrait être ouvert.

Est-ce que la viande est cuite ? On m'a félicité. Où sera construit le nouveau pont ?

Tu devrais partir maintenant. J'aurais dû leur téléphoner à 8h. Tu ne devrais pas fumer.

Tu n'aurais pas dû les inviter. Il devrait y avoir trois voitures. Quand devrait-elle venir ?

Il est beaucoup plus grand que Bill. Ce livre est plus cher que le mien. Es-tu le meilleur ?

Ce n'est pas aussi difficile qu'hier. Notre hôtel est le plus cher. C'est plus facile qu'hier.

Il devrait savoir nager l'an prochain. Il se peut que je doive partir. Il faudra qu'il vienne.

Tom a dû s'arrêter à Hull. Il se peut qu'elle soit chez elle. Combien avait-il dû payer ?

Je vous attends depuis 17h. Ça fait dix ans qu'elle habite ici. Il y a 3 ans que je suis parti.

Je suis marié depuis 98. Ça fait combien de temps que tu es ici ? Ça fait trois mois qu'il n'a pas plu.

Quel beau jardin ! Vos amis ont une si grande maison ! Comme son mari est âgé !

Epouserais-tu un homme aussi petit ? Ce test est tellement difficile ! Quelle histoire étrange !

SOMMAIRE

Préambule 9

Première partie : Le Rapport Initial 11

I – Le constat de l'anglais en France 13
   L'état des lieux : de l'échec scolaire au blocage adulte 13
   Un déséquilibre caractéristique 14
II – L'apport de l'expérience Saintélangues 15
   Les limites du pédagocentrisme 16
   Les limites de l'anglocentrisme 17
III – La solution Saintélangues 19
   Le bon trajet dans le bon sens 19
   Mais au fait, comment en est-on arrivé là ? 21
IV – Saintélangues, des avantages pour tous les acteurs 23
   Du point de vue de l'étudiant 23
   Du point de vue de l'enseignant ou formateur 24
   Du point de vue de l'établissement ou centre de formation 25
V – Une recherche sans précédent 27
   L'auteur 27
   L'Institut Stéphanois d'Anglais 28
VI - Rigueur de fond et souplesse d'utilisation 29
   Publics concernés 29
   Lieux et modalités 30
   Contenu de chaque module des niveaux 0, 1 et 2 31
VII – Organisation de Saintélangues 32
   Les activités Saintélangues ou la recette du succès 34

Seconde partie : Communication à l'Inspection Générale   38

1 – Perspective historique de la recherche	39
2 – Les compétences linguistiques	43
3 – Saintélangues ou la bi-pédagogie	48
4 – Exemple du module 1/1 de Saintélangues	51
5 – L'encadrement pédagogique de Saintélangues	55
6 – Avantages collectifs de la bi-pédagogie	59
7 – Avantages dérivés d'une application généralisée	62
8 – Questions usuelles et réponses Saintélangues	65
Les séjours à l'étranger sont-ils une solution ?	65
A quelle condition le soutien scolaire est-il profitable ?	66
Y a-t-il un âge limite pour apprendre l'anglais	67
Quel est l'intérêt de l'anglais pour les jeunes enfants ?	69
Pourquoi reconnaît-on les mots sans comprendre les phrases ?	69
Comment maîtriser plus de vocabulaire ?	70
Anglais écrit ou anglais parlé ?	71
Finalement, à qui s'adresse cette solution ?	72

Annexes   73

Sommaire   83

Si vous avez apprécié...

...merci de vous connecter quelques instants sur Amazon.fr pour donner votre avis sur cet ouvrage et en recommander la lecture le cas échéant.

Votre avis est en effet essentiel, non seulement pour l'auteur et compositeur amateur que je suis, mais plus encore pour les nombreuses personnes surfant sur Internet en quête de conseils authentiques pour faire leur choix, sans compter que le soutien et les commentaires de mes lecteurs ou interprètes me sont tout aussi précieux que l'indispensable information des médias.

Dans l'attente du plaisir de vous lire en retour...

Bernard GARDE

Autres ouvrages disponibles du même auteur :

Âpre Miel
La conscience est amère, mais l'humour est sucré. (Ana)
Disponible sur Amazon.fr

Corbeau Noir et Faisan Doré
(Roman policier)
Disponible sur Amazon.fr

Saintélangues – Niv.0
(Méthode autonome d'apprentissage accéléré pour débutant ou re-débutant intégral en anglais).
Disponible sur Amazon.fr

English Dialogues 1
(26 dialogues en anglais et 550 questions de compréhension ou d'improvisation, avec traduction indicative intégrale).
Disponible sur Amazon.fr

English Dialogues 2
(26 dialogues en anglais et 550 questions de compréhension ou d'improvisation, avec traduction indicative intégrale).
Disponible sur Amazon.fr

Le Ménestrin
(20 partitions pour flûte(s) à bec et dulcimer).
Disponible sur Amazon.fr

Cantate au Clair de Lune
(Pour voix ou instrument solo sur l'adagio de la Sonate au Clair de Lune de L.V. Beethoven).
Disponible sur Amazon.fr

Mélodithèque (Volumes 1 à 6)
(210 partitions pour guitare, guitare et flûte à bec, duos, trios et quatuors de flûtes à bec + enregistrements numériques).
Disponibles sur Free-scores.fr

Arrangements Musicaux
(The rose of Allendale, Amazing Grace, The Wild Rover, Scarborough Fair, Greensleeves, Canon de Pachelbel + enregistrements numériques).
Disponibles sur Free-scores.fr

www.ingramcontent.com/pod-product-compliance
Lightning Source LLC
Chambersburg PA
CBHW071321040426
42444CB00009B/2059